Für Judith

alles Liebe und Güte
auf Deinem
Weg

Licht + Freude

Namaste

Tara Wosu
Münchberg

28. 10. 2013

mainbook

Das Buch
Sehnsucht, Leidenschaft, Erfüllung. Tara Wera erzählt ihren Lebensweg: vom lebenslustigen Teenie bis zur verklemmten Ehefrau. Von der gestressten Kinderkrankenschwester bis zur vergötterten Tantrameisterin in Frankfurt. Und sie verschweigt dabei nichts, sondern schildert Erfolge und Rückschläge, Tantraseminare und Massagestudios, private Niederlagen und unendliches Glück. Eines jedoch zieht sich wie ein roter Faden durch ihr Leben wie durch dieses Buch: der Schrei nach Liebe...

Die Autorin
Tara Wera, Tantrameisterin aus dem Frankfurter Nordend. Sie lebt ihre Passion. Vielfältige Infos auf www.tantra-refugium.de

ISBN 978-3-944124-06-3

Copyright © 2013 mainbook Verlag, Frankfurt
Alle Rechte vorbehalten

Lektorat: Gerd Fischer
Coverlayout/ Buchumschlag: RTO
Bildrechte: © Tara Wera

Besuchen Sie uns im Internet: www.mainbook.de

Tara Wera

Tantra – Schrei nach Liebe

Mein Weg, meine Befreiung

Biografie

Gewidmet allen Freunden sowie denen, die es noch werden

und D.T., in unendlicher Liebe

mainbook Verlag Frankfurt

Inhalt:

Vorwort

Nachwort

Vorwort

Meine jahrelange Arbeit in der Gesprächstherapie und der Tantramassage hat mir gezeigt, dass die stärkste Reaktion auf alle körperlichen und seelischen Mangelerscheinungen **der Schrei nach Liebe** ist.

Viele Menschen fühlen sich einsam, weil sie oftmals nebeneinander, aber nicht miteinander leben. Je mehr die soziale Umgebung als negativ erlebt wird, desto weniger entwickelt man Aktivitäten, auf andere zuzugehen. Die Betroffenen ziehen sich zurück und fühlen sich mit ihren Gefühlen allein gelassen.

Viele Menschen sind auf der Suche nach einem passenden Partner, auf der Suche nach der großen Liebe, Wärme und Geborgenheit. Durch die Vereinsamung haben diverse Partnerportale ein leichtes Spiel und schnellverdientes Geld.

Die Menschen wollen sich öffnen, sind aber noch gefangen in alten Mustern und haben das Vertrauen verloren. Wenn sie so einem neuen Partner entgegentreten, funktioniert das nicht.

Menschen, die längere Zeit allein gelebt haben, verlernen Kontakte zu knüpfen, zu lächeln, sich an Alltäglichkeiten zu erfreuen.

Viele resignieren. „Ich finde eh keinen mehr."

Das Allerwichtigste sind Wärme, Geborgenheit und Vertrauen, ohne die wir nicht leben können. Genau hier liegt mein Ansatz mit meinem Tantra-Refugium und meinen hingebungsvollen Tantramassagen. Ich möchte jenen Menschen ein Stück Liebe, Geborgenheit und Wärme für einen gewissen Zeitraum schenken. Ich möchte ihnen unterstützend zur Seite stehen, Perspektiven anbieten, wie individuell eine bessere Lebensqualität erreicht werden kann.

Ich möchte mit diesem Buch allen Mut machen, an sich zu glauben, das Selbstwertgefühl zu stärken und sich so anzunehmen, wie sie sind. Das alles macht Tantra aus.

Ich beschreibe meinen Weg, authentisch-spannend, abenteuerlich, erotisch, sinnlich und humorvoll. Auch traurige Momente fehlen nicht. Eben alles, was ein Leben ausmacht.

Meine Freunde und Bekannte sehen mich so, wie ich heute dastehe. Aber kaum jemand weiß, wie lange es gedauert hat, bis ich zu der wurde, die ich heute bin.

Tara Wera – die Tantramassagemeisterin.

Es war ein langer steiniger Weg – vom verklemmten Mauerblümchen, gefangen in alten Strukturen eines konservativen Lebens, bis zu meiner Befreiung – und nicht zuletzt meiner sexuellen Befreiung durch Tantra, meine Lust zu erkennen und auszuleben.

Heute tanze ich im Tantraseminar nackt, selbstversunken in meiner Mitte und frei von allem, wirklich von allem.

Ich fühle mich wohl in meiner Haut, auch wenn ich 3 Kilogramm zu viel habe. Ich liebe meine Weiblichkeit und lebe sie aus.

Das hätte ich mir vor langer Zeit niemals träumen lassen, geschweige denn vorstellen können.

Da fällt mir gerade siedend heiß ein, im Jahr 2013 massiere ich schon 20 Jahre, mein Gott, ich feiere Jubiläum.

Nun aber wünsche ich euch, liebe Leserin und lieber Leser, viel Spaß und Vergnügen mit meiner Biografie.

1

Der Whirlpool

Ich sitze im Whirlpool und die Blubberblasen im Wasser umspielen, nein, sie umschmeicheln meinen Körper. Wie jeden Sonntag bin ich in meine Lieblingssauna gefahren und erst einmal im Whirlpool verschwunden, nachdem ich alle Saunafreunde aus der Clique begrüßt habe. Das ist für mich die ultimative Entspannung nach einer Woche mit zahlreichen energetischen Tantramassagen, die mich ganz gefordert haben.

Ich habe einen runden Pool für mich allein. Noch. Also nutze ich die Gelegenheit, mich meinem Genuss hinzugeben. Ich liege ausgestreckt auf dem Wasser, fast schwebend, nur getragen von den Blubberblasen und beobachte die Saunagäste mit halbgeschlossenen Augen durch die große offene Fensterfront des Poolhäuschens. Sie gehen zum nächsten Aufguss und mustern verschämt mich und meinen Körper. Man hat mir schon des Öfteren gesagt, es sähe sehr erotisch aus, wenn ich mich dem Sprudel hingebe.

Ich schmunzle, wenn ich daran denke, und gebe mich noch intensiver hin. Ich setze mich auf die Düsen, die am stärksten sind. Sie umspielen meine Yoni (Vagina) und ich drücke meine Knospe auf meine Lieblingsdüse.

Wow! Unbeschreiblich schön. Ich fühle in mich hinein und es steigert sich noch. Den Strahl der Düsen kann ich durch mein Becken, das ich hin und her bewege, selbst variieren und so den Genuss hinauszögern. Welch eine Wonne! Unendlich viele Glücksgefühle durchströmen mich. Oh mein Gott, alles vibriert in mir!

Mein Atem wird stärker und schwerer. Eine heiße Welle durchströmt mich, ja jetzt!

Ein Whirlpool-Orgasmus am Sonntagmorgen ist so wundervoll.

Ich sacke zusammen und tauche kurz unter, schwebe dann wieder auf der Wasseroberfläche, lasse mich im Sprudel treiben, schließe die Augen und fühle in meinem Körper nach.

Jetzt ist mir auch egal, ob jemand vorbei geht. Ich schwebe im totalen Körpergenuss. So kann der Tag beginnen.

Entspannt und doch voller Energie, mein Blut pulsiert, mein Herz klopft wie wild und ich spüre noch mal ganz intensiv in mich hinein. Wow! Es ist so schön, mit dem eigenen Körper zu spielen.

*

Mit einem Lächeln denke ich an letzten Sonntag zurück, als ich auf meiner vororgastischen Welle schwebte und plötzlich Stimmen und Schritte hörte. Ich öffnete die Augen. Oh nein. Mein süßes Spiel wurde durch einige Gäste jäh unterbrochen. Ich nenne sie die ‚Interruptusgäste‘, begrüßte sie trotz allem freundlich, ohne mir etwas anmerken zu lassen, und dachte, hoffentlich merken sie nichts durch mein schreckhaftes Zusammenzucken.

Eigentlich sollte es mir egal sein. Ich bin doch frei, so frei. Und doch schleichen sich ab und an alte Konditionierungen ein. Verhaltensmuster und Denkweisen, die man nur schwer los wird. Das darfst du nicht tun! Das macht man nicht! Das schlechte Gewissen, erwischt worden zu sein! Wie ein kleines Mädchen, das etwas Verbotenes angestellt hat.

*

Ich schwebe noch immer auf dem Wasser mit dem wundervollen Glücksgefühl und sinniere vor mich hin. Ich fühle, dass ich die alten Konditionierungen überwinde, dass meine Blockaden mich nicht mehr behindern. Ich kann mich intensiv genießen, was mir vor etlichen Jahren noch nicht möglich gewesen war.

*

Als ich 18 Jahre alt war, wollte meine Freundin Gabi mit mir in die Sauna gehen. Ich hatte 1000 Ausreden, warum ich ausgerechnet an diesem Tag nicht kann.

Oh, Gott. Nackt in die Sauna? Alle schauen auf mich. Sie werden mich anstarren und mustern. 100 Augen liegen auf mir, nein, das will ich nicht. Mein Körper gehört nur mir.

Doch eines Tages überwand ich mich. Ich nahm allen Mut zusammen und ging mit ihr in die Taunus-Therme bei Frankfurt.

Ich weiß noch genau, mein erster Saunabesuch war echter Horror, so habe ich mich geschämt.

Gabi zog sich aus, legte ihren Badeanzug ins Fach und schaute mich an. „Na, Wera. Nun ist es soweit. Raus aus dem Badeanzug! Am liebsten hättest du doch einen, der vom Hals bis zu den Knöcheln geht." Sie lachte dabei.

Mein Blutdruck stieg. Mir wurde heiß und ich schämte mich in Grund und Boden. Bitte, bitte, hoffentlich öffnet sich eine Klappe. Wera rein, Klappe zu!

Aber das geschah leider nicht. Da musste ich jetzt durch. Wer A sagt, muss auch B sagen. Ich hatte Gabi irgendwann einmal leichtsinnig versprochen mitzugehen. Oh mein Gott, ich schäme mich so. Dabei hatte ich einen schönen schlanken makellosen Körper, wollte aber partout nicht auffallen und so saß ich in der Sauna auf der mittleren Bank im Badeanzug. Ja, wirklich! Ich trug drinnen einen Badeanzug und dachte, so falle ich nicht auf. Ganz sicher nicht. Ich schloss die Augen, so brauchte ich die anderen nicht anzusehen. Tja, aber die anderen Saunagäste sahen natürlich mich. Ich blinzelte durch einen schmalen Sehschlitz meiner Augen. Da saßen nicht wenige Saunagäste, dazu noch gemischt. Sie musterten mich, erstaunt und skeptisch. Nach einer Weile schauten sie etwas mitleidig auf mich und zwar alle, die da saßen, und ich hörte sie räuspern. Auch einige Kommentare vernahm ich. „Wie jetzt?" oder „Naja, die ist noch nicht soweit".

Irgendjemand sprach mich dann persönlich an. „Hallo, junge Frau im Badeanzug." Oh, oh, ich schämte mich abgrundtief, riss die Augen auf und schaute in die Richtung der Stimme. Es war eine hagere, zickig aussehende ältere Frau, die fauchte: „Es ist total unhygienisch, würden Sie sich bitte ausziehen."

Was hatte sie da gerade gesagt? Ausziehen? Ich glaubte, sie hatte das Wort ‚bitte' eingefügt. Aber für mich fühlte es sich an wie eine Drohung, ein Befehl. Mein Todesurteil!

Um Gottes willen. Ich rannte aus der Sauna, durch den Nebel des letzten Aufgusses. Mehr auffallen, wie in diesem Moment, ging nicht. Ich hatte es geschafft, hatte alle Blicke auf mich gezogen und stand voll im Mittelpunkt.

Draußen im Ruheraum nahm ich mir vor, nie wieder in eine Sauna zu gehen, nie wieder. Mit hochrotem Kopf saß ich da, bis Gabi endlich kam. „Wera, meine Liebe", sagte sie mit einem mitleidigen Lächeln, „ich glaube, du brauchst noch sehr lange."

Da sollte sie recht behalten. Es dauerte noch viele, viele Jahre.

*

Ich habe eine tolle und freie, aber auch strenge Jugend erlebt. Als ich noch ein Kind war, führten meine Eltern ein sehr konservatives Leben, insbesondere meine Mutter hielt an alten Tugenden fest. Sie war zwar großherzig, jedoch sehr dominant, strukturiert und sehr streng. Voll mit alten Glaubenssätzen und Konditionierungen. Wir unternahmen Sonntagsspaziergänge in Niederursel und im Taunus mit Kleidchen und Lackschuhen ausgestattet. Mein Bruder war ebenso wie aus dem Ei gepellt. Meine kleine Schwester schoben wir im Kinderwagen. So sah jeder Sonntag aus.

Bis eines Tages der große Umbruch auf uns hereinstürzte. Die totale Wende. Meine Mutter lernte eine ganz tolle, politisch engagierte Frau kennen. Sie begann, Alice

Schwarzer zu lesen und beschäftigte sich mit der weiblichen Befreiung. Von jetzt auf sofort lebten wir in einer anderen Welt. Meine Mutter erkannte ihre Bestimmung, das alte Leben zu verlassen und ein neues, abenteuerliches und selbstbestimmtes Leben zu beginnen. Sie wollte sich emanzipieren.

Früher stand sie in Kittelschürze vor dem Herd und machte das Mittagessen, im Hintergrund lief leise Schlagermusik. Jetzt spielte sie Arbeitermusik, zarte Klänge, die ‚Internationale' oder die ‚Moorsoldaten', ein Lied, das von politischen Gegnern des Nazi-Regimes geschaffen wurde. Und vor allem lief sie leichtbekleidet bis nackig durchs ganze Haus, weil es im Sommer ja so heiß war.

Ich war erschüttert und traute mich nicht mehr, Freundinnen einzuladen. Und wenn doch, bat ich meine Mutter inständig, etwas Ordentliches anzuziehen. „Liebe Wera, in dieser Wohnung kann ich machen, was ich will. Wem das nicht passt, kann draußen bleiben."

Meine Eltern wollten uns frei erziehen, aber umso freizüger sie wurden, umso verschlossener und verklemmter wurde ich. Nackt zu sein, war für mich der Horror. Obwohl ich schon mit fünf Jahren anhand eines lustigen anatomischen Schablonenbuchs aufgeklärt wurde und ebenso ganz liebevoll erklärt bekam, wie mein Bruder entstanden ist. Mutter und Vater sind damit ganz offen umgegangen und trotzdem überkamen mich jetzt ernsthafte Beklemmungen.

In der Zeit des Umbruchs aus dem konservativen in das neue Leben durften wir unsere Eltern beim Vornamen ansprechen. Es machte meine Geschwister und mich gleichwertiger und wir fühlten uns dadurch erwachsener. Wir diskutierten viel und hatten richtiges Mitspracherecht. An einigen Abenden kamen bekannte Sänger zu uns nach Hause und es war immer richtig toll. Bei offener Balkontür konnten die Studenten im Studentenwohnhaus gegenüber zuhören. Wir sahen stets viele Köpfe in den Fenstern, die der Musik lauschten.

Da fällt mir doch gerade nicht ein, wie der eine Sänger hieß, der später richtig Kult wurde. Ich rufe meine Mutter in Berlin an, ups, habe ich sie aus ihrem heiligen Mittagschlaf geweckt. Aber sie ist nicht böse, stattdessen sagt sie mir sofort den Namen: Klaus Lage. Na klar! Er hat oft bei uns zu Hause Gitarre gespielt und gesungen. Und der andere Sänger? Der Politische? Genau, Franz Josef Degenhardt.

Kaus Lage habe ich Jahre später auf den Maidemos am Römerberg mit seiner Band gesehen. Ich machte mich damals nach dem Konzert mit ihm bekannt und mein Bruder und ich fuhren mit ihm und allen Bandmitgliedern nach Harheim in eine Vereinskneipe, die bis in die Morgenstunden geöffnet hatte. Wir feierten mit den Jungs bis es hell wurde. Ich wünschte Klaus Lage zum Abschied, dass er eines Tages berühmt werden möge.

Mein Vater war schon immer in der SPD intensiv engagiert und sogar mit dem Oberbürgermeister befreundet. Er bat ihn um Gelder für Kinder, einen Spielplatz in der tristen Nordweststadt, einem Stadtteil in Frankfurt, und Arbeitsplätze für arbeitslose Sozialarbeiter. Sein Projekt wurde unterstützt und so entstand dort der Abenteuerspielplatz. Der Oberbürgermeister und einige

Vorstände der Partei pflanzten die ersten Bäumchen darauf, neue Arbeitsplätze wurden geschaffen und ich war super stolz auf meinen Vater. Jeden Tag nach den Schulaufgaben war ich mit Freunden dort und wir bauten uns ein Holzhaus.

Nach dem Wandel meiner Mutter sahen unsere Sonntage ganz anders aus, da sie politisch aktiv wurde, ich somit andere Kinder von politisch interessierten Müttern kennenlernte und mich in dieser Gemeinschaft sehr wohl fühlte. Wir demonstrierten auf dem Römerberg von Frankfurt gegen alle Ungerechtigkeiten dieser Welt. Jeden 1. Mai nahmen wir an der Maidemo teil, das war obligatorisch. Juhu, keine langweiligen Spaziergänge mehr.

Abends verteilten wir Flugblätter in den Bezirken oder warfen sie in Briefkästen. Ein Mal die Woche gab es ein Jugendtreffen. Jeder war für den anderen da. Wir waren eine starke Truppe und unternahmen viel. Ich war sogar in der Gesangsgruppe, obgleich ich nicht singen konnte. Wir schmetterten von „Hoch auf dem gelben Wagen" und „Venceremos" bis zu „Der kleine Trompeter".

Wenn ich abends am Schlafzimmer meiner Eltern vorbei kam, hörte ich keine Lustgeräusche mehr, sondern politische Grundsatzdiskussionen.

Witzig, dieser Wandel. Für mich war diese Zeit sehr prägend, eine Zeit voller Abenteuer und Power, neuer Inspirationen und Herausforderungen.

*

Mein Vater war schon immer ein unkonventioneller Typ, für alles offen und oft sehr spektakulär.

In seiner Jugend war er bei den Segelfliegern und hatte alle wichtigen Scheine absolviert. Fliegen war sein Leben. Durch den Krieg, die Gefangenschaft in Frankreich, den späteren Aufbau Deutschlands, die Gründung seiner Familie kam er viele Jahre nicht mehr dazu. Er war zweimal verheiratet. Ich stamme aus der zweiten Ehe.

Erst Mitte der 70er Jahren entdeckte er das Drachenfliegen für sich und war auf der Wasserkuppe in der Rhön ein bekannter Flieger, den Pferdskopf hoch und runter. Ich durfte seinen alten R4 fahren, (obwohl ich keinen Führerschein hatte, das sollte noch viele Jahre dauern, ich war ja noch ein Kind) wenn er unterhalb des Pferdskopfes gelandet war, um ihn einzusammeln und wieder hochzufahren.

In den Alpen flog er auch oft. Zu dem Zeitpunkt war er schon einer der ältesten Drachenflieger Deutschlands und sorgte so für Schlagzeilen.

Mich nahm er oft mit in die Rhön. Ich war inzwischen ein Teenie und bewunderte meinen Vater. Da war ich jedoch nicht die Einzige. Er hatte vorzugsweise weibliche Fans, was mir als Tochter ein Dorn im Auge war. Ich versuchte oft aus Eifersucht, sie von meinem Vater fernzuhalten.

Weitere Verehrerinnen hatte er in der Nordweststadt im benachbarten Studentenwohnheim aus allen Ländern der Erde. Seine Fangemeinde war riesengroß, als Mann und als Sportler.

Am Wochenende hatte meine Mutter eher selten etwas von meinem Vater, neben der politischen Arbeit wohlbemerkt. Da er samstags morgens immer auf dem Balkon stand und den Finger in die Luft hielt. Wenn er Südwestwind feststellte, war er nicht mehr zu halten. Er packte den Drachen ein und los ging's zum Fliegen.

Einmal im Hintertaunus flog er los und landete in riesenhohen Tannen. Ich dachte, es sei um ihn geschehen, da er keinen Laut von sich gab. Ich sah mich und meine Geschwister schon als Halbwaisen, da hörte ich leichtes Fluchen und Schimpfen von oben. Er lebte also, schimpfte aber nicht über seine Verletzungen, sondern darüber, dass das Trapez des Drachens hinüber war. Seine Wunden waren sekundär und wir verheimlichten sie immer vor meiner Mutter, sonst machte sie sich zu viele Sorgen. Trotzdem entdeckte sie die Wunden oft. „Und wehe, Horst, du lässt die kleine Wera fliegen. Dann gibt's echten Ärger!" Ihre Worte habe ich heute noch im Ohr.

Oh ja, klein Wera wollte so gerne einmal in der Rhön fliegen, was wir natürlich auch heimlich taten. Die Theorie hatte ich immer mitbekommen, wenn er zu Hause für die Scheine lernte und ich ihn abgefragt habe. Und die Praxis habe ich fast jedes Wochenende erlebt.

Mein Vater band den Drachen an eine sehr lange Schnur. Ich sprang und hob ab. Schweben in der Luft war ein unbeschreibliches Gefühl von Freiheit. Es waren nur wenige Minuten, die sich aber wie Stunden anfühlten. Ich bekam so schnell Aufwind, dass mein Vater das Seil verlor und ich nun ganz allein war. Ein mulmiges Gefühl machte sich breit. Ich zog das Trapez langsam an mich heran und leitete dadurch den Sinkflug ein. Vielleicht einen Tick zu schnell, denn ich stürzte senkrecht ab und verfehlte knapp einen

Felsen. Ich blieb liegen, ohne mich zur rühren und hoffte nur, dass ich nichts kaputt gemacht hatte. Aus der Ferne hörte ich meinen Vater wild schreien. Er kam zu mir gerannt.

Jetzt bewegte ich mich, erhob mich schwerfällig und sah meinen Vater an, der sichtlich erleichtert war, dass es mir einigermaßen gut ging. Der Drachen war ihm in diesem Moment egal.

Diese Aktion haben wir Mutter erst einige Jahre später erzählt. Und ein einziges Foto gibt es auch davon. Sieht lustig aus.

Mein Vater erfüllte sich zu seinem 50. Geburtstag einen Traum. Die Drachenflug-Meisterschaften auf Hawaii. Er gewann sogar in seiner Altersklasse. Daraufhin flog er auch illegal über die Golden Gate Bridge. Später stand ein Bericht über meinen Vater in der Bildzeitung. Er war unbefugterweise in der Einflugschneise des Frankfurter Flughafens Drachen geflogen. Gesprungen war er vom Monte Scherbelino, ein hoher Müllberg in Frankfurts Stadtwald. Ich glaube, er bekam auch eine Strafe.

So einen Vater hat nicht jedes Kind. Ich war mächtig stolz auf ihn.

Mein Vater kannte auch viele Persönlichkeiten aus dem öffentlichen Leben, wie unseren Ex-Bundeskanzler Schröder oder Fritz Rau, den Konzertmanager, durch den meine Schwester und ich Udo Lindenberg bei den Proben in der Aula der Fachhochschule für sein abendliches Konzert in der Festhalle zusehen durften. Mein Vater verstand sich mit Udo auf Anhieb. Sie blödelten herum und kamen dabei auf die Wettidee, 50 Liegestütze zu machen. Wer näher ran kommt hätte gewonnen.

Udo war locker 24 Jahre jünger, mein Vater dagegen sehr sportlich. Sie schnauften und gaben beide alles, während Udos Band und wir die beiden anfeuerten. Udo schaffte 35 Liegestütze und machte dann schlapp. Mein Vater machte die 50 voll.

Tja, mein Vater eben. Wenn die gewusst hätten, was er noch so drauf hat. Bei Events wie Hochzeiten oder Tanzveranstaltungen tanzte er bis zu einer halben Stunde auf den Händen und schmiss so jede Party.

Udo lud uns ein, während des Konzerts als Statisten mit auf die Bühne zu kommen. Ein echtes Highlight. Die Festhalle kochte. Udo sprang wild auf der Bühne herum, der Boden bebte und wir waren mitten drin. Welch eine Show. Durch unseren Vater konnten wir viele aufregende Sachen erleben.

Später als ich während meiner Ausbildung in meinem ersten Urlaub in Tunesien war, las ich in der Bildzeitung, dass ein deutscher Drachenflieger namens Horst S. in Österreich in den Alpen abgestürzt sei. Es klang so dramatisch, dass ich annahm, er sei tot. Ich rief sofort zu Hause an, aber er lag nur mit gebrochenem Bein im Krankenhaus. Dieser Verrückte.

Inzwischen hatte sich meine Mutter von ihm getrennt und war in ihre Heimatstadt Berlin zurückgekehrt. Mein Vater zog meine noch minderjährigen Geschwister auf. Ich hatte meine Ausbildung beendet, machte meinen Führerschein und fuhr oft nach Hause, um mich auch um meinen Bruder und meine Schwester zu kümmern.

Jahre später nach dem Mauerfall, Deutschland war vereint, war mein Vater Rentner und einer der ersten, die rübergingen, während die meisten ehemaligen DDR-Bürger zu uns in den Westen kamen.

Bei Laucha im Bezirk Naumburg fand er einen stillgelegten Flughafen der FDJ (davor der HJ). Dort entstand, Dank meines Vaters, ein Drachenflugdomizil und Treffpunkt vieler Flieger. Er lernte auch eine neue Frau kennen. Ich war empört, sie war damals 28 Jahre alt.

Und kurz darauf sollten wir ein neues Geschwisterchen bekommen. Sie ist heute erwachsen und hat inzwischen eine eigene Familie.

Mein Vater erreichte im Bezirk Naumburg in kürzester Zeit einen gewissen Bekanntheitsgrad, da er den Menschen half, mit den Anträgen und dem Formularwahnsinn zurechtzukommen. Er organisierte einen Malkreis in seinem Haus, wofür er eigens eine Galerie geschaffen hatte. Seine Bilder wurden sogar in der Bank von Naumburg ausgestellt. Dort veranstaltete er auch Vernissagen für den Malkreis.

Seine Frau trennte sich vor einigen Jahren von ihm und er flog seitdem immer weiter. Bis vor zwei Jahren, als er mehrmals und recht kurz hintereinander abstürzte. Er sah und hörte zunehmend schlechter, rauchte aber in der Luft noch sein geliebtes Pfeifchen. Einen Getränkehalter hatte er auch am Trapez angebracht. Leider erlitt er im Flug zweimal einen Herzinfarkt. Die Rettungsleute kannten ihn längst, ebenso die umliegenden Krankenhäuser.

Vom Verein der Flieger erhielt er nun Flugverbot. Aber wer kann einem Abenteurer wie meinem Vater das Fliegen verbieten? Er flog heimlich weiter, bis er ein letztes Mal abstürzte und sein Drachen das Zeitliche segnete. Er war völlig kaputt.

Sein kleines Haus in Laucha musste er aufgeben, da wir ihn leider im nahegelegenen Seniorenheim unterbringen mussten. Er nennt es sein Luxusgefängnis. Zum Glück hat er von dort einen guten Blick auf seinen geliebten Flugberg.

*

Ich verlasse jetzt meinen heißgeliebten Whirlpool und gehe zu den Aufgüssen mit einer sehr lustigen Gruppe, die sich so ergeben hat. Wir haben vom Saunachef eine Sauna für uns bekommen, da wir außergewöhnliche Aufgüsse machen. Wir schweigen nicht, sondern unterhalten uns lustig. So tankt hier jeder Energie für die kommende Woche. Anschließend gehen wir in das exzellente Restaurant neben der Sauna und am Abend liege ich dann auf dem Sofa, glücklich entspannt.

Morgen um 12 Uhr habe ich schon meinen ersten Tantramassagetermin.

2

Die Tantramassage

Montagmorgen. 10.30 Uhr. In meinem Tantra-Refugium, das ich 1996 gegründet habe, bereite ich alles für meine erste Tantramassage an diesem Tag vor. Ich zünde Kerzen und Aromalampen an, stelle die Heizung an, denn es ist ein kalter Septembertag.

Ich glaube, der Sommer ist nun vorbei. Aber was soll's? Diesen Sommer habe ich erstmals richtig genießen können. Früher war ich jeden Tag (außer Sonntag) von 11-20 Uhr im Refugium. Ob Termine anstanden oder nicht. Ich wollte immer für meine Gäste da sein. Auch für jene, die spontan kamen. Seit einem Jahr versuche ich jedoch, nur noch auf feste Termine zu arbeiten und meine lieben Gäste halten sich daran. So kann ich eine störungsfreie Massage garantieren und habe für jeden auch anschließend noch ausreichend Zeit für ein Nachgespräch.

Jetzt liegen meine Handys neben dem PC und ich kann so lange schreiben, ja, natürlich an diesem Buch, bis ein Gast mit einem Terminwunsch anklingelt.

Ring! Es klingelt an der Tür. Da ist auch schon mein erster Tantramassagegast für heute, super pünktlich.

Es ist Frank (Name geändert), ein jüdischer Unternehmer aus Frankfurt, mit viel jüdischem Humor und Esprit. Mit einem herzlichen „Schalömchen" und einer innigen Umarmung begrüße ich ihn. „Mein Gott, Frank, du siehst immer besser aus."

„Ach, Wera! Du kannst so schön lügen."

„Nein, ich meine es wirklich ernst. Und außerdem duftest du wieder so gut."

„Wera, jetzt hast du nicht nur ein Problem mit deinen Augen, sondern auch mit deiner Nase." So werfen wir uns immer lustige Ping-Pong-Bällchen zu und es macht richtig Spaß mit ihm.

Wir gehen durch das wundervoll eingerichtete Entree, in dem der Gast bereits das Gefühl bekommen soll, in eine andere Welt einzutauchen. Ich habe ihn so geschaffen, dass jeder beim Betreten des Tantra-Refugiums von dem Geruch der Räucherstäbchen und der Wärme des Raumes umschmeichelt wird. Dann die leise Musik, die einen zum Schweben bringt. Es fühlt sich an, als wäre man Zuhause angekommen. Nein es ist schöner. Wer hat denn schon einen Tantratempel als Wohnung?

Und dann schauen die Gäste in mein offenes Lächeln und meine liebevoll-strahlenden und Vertrauen erweckenden Augen und fühlen eine herzliche wohlige Umarmung.

Ich führe Frank in mein Lieblingszimmer und meinen persönlichen Energieplatz, das Kaminzimmer. Vom echten steinernen Kamin, den vielen Kerzen und der sanften Musik wird er eingeladen, sich fallen zu lassen, an nichts mehr zu denken, nur noch zu genießen.

Normalerweise erkläre ich jetzt den Ablauf der Massage und biete etwas zu trinken an. Frank zieht sich jedoch schnell aus, da er heute nur begrenzt Zeit hat. Er bleibt 1,5 Stunden.

Ich stelle meine Lieblings CD von Lex van Someren an, mit dieser Musik kann man so schön eintauchen, sie streichelt nicht nur die Seele des Gastes, sondern alles, den gesamten Körper und auch mich, die Gebende.

Ich lege Frank ein Tuch um die Hüften und er schließt die Augen. Ich beginne, ihn sanft im Stehen auszustreichen, ein tantrisches Ritual, dessen Geheimnis man nur bei einer Massage wirklich erfahren kann. Ganz zart berühren meine Fingerkuppen dabei seinen Körper. Danach stelle ich mich hinter ihn und ziehe mich gekonnt und flink nackt aus. Mein T-Shirt und mein Lungi, ein Wickelrock, fallen von meinem Körper. Einen Slip trage ich schon seit 3 Jahren nicht mehr, dadurch entsteht ein wundervolles Körpergefühl. Das war auch schon mal Thema in meiner Saunagruppe, die es nicht fassen konnten. Einige Männer muss es echt angetörnt haben.

*

Die ersten fünf Jahre haben meine Mitarbeiterinnen und ich in meinem Refugium an der Massagebank im Lungi, einem Wickelrock, und topless (oben ohne) gearbeitet. Aber niemals nackt.

Nackt konnte ich mir bis dahin überhaupt nicht vorstellen. Dann besuchte ich wieder einmal ein Seminar, auf dem – wie immer – nackt am Boden gearbeitet und massiert wurde. Während eines Seminars war das für mich okay. Ich empfand es als angenehm und angebracht, aber nicht im Refugium, also im gewerblichen Rahmen. Ich hatte große Bedenken, dass die Grenzen leicht verschwimmen konnten. Zudem war es bedeutend anstrengender und nicht gerade rückenfreundlich. Der große Vorteil jedoch war, es fühlte sich viel sinnlicher an. Der Hautkontakt, die Wärme, nach der sich so viele Menschen sehnten, war gegeben. Es eröffnete viele neue Varianten und Möglichkeiten in der Massage und man konnte die Fantasie voll mit einbringen.

Ich war plötzlich sehr angetan, um nicht zu sagen begeistert, von der Idee, baute alle Massagebänke sofort ab und bestellte neue Matratzen, die noch am gleichen Tag geliefert wurden. Ich lernte meine Mitarbeiterinnen neu an und los ging's.

Auch viele Gäste waren von der neuen Idee begeistert, so dass sie es ihren Freunden weiter empfahlen. Meine Bedenken hinsichtlich eventueller Übergriffe schwanden, denn die Gäste blieben uns gegenüber weiterhin sehr respektvoll. Bis auf wenige Ausnahmen. Sie bekamen zwei Verwarnungen, bei der dritten wurde die Massage abgebrochen.

Auf der Homepage des Refugiums wurden sofort neue Bilder eingestellt. Richtig schöne Eyecatcher – nur Wera war in der Öffentlichkeit niemals nackt zu sehen. Zudem erhielt jede Massagesession einen wunderschönen Namen, zum Beispiel ‚Stunde der Unendlichkeit'. Leider kupferten mir das im Laufe der Zeit andere Tantramassagen ab. Sie schauten auf meine Homepage und kaum gab es etwas Neues bei Wera, übernahmen sie es kurz darauf für ihre eigene.

Schon bald machte mir die Nacktarbeit doppelt so viel Spaß als vorher. Es dauerte bei mir immer etwas länger, bis ich mich komplett auf etwas Neues umstellen konnte.

*

Ich streiche jetzt Franks Rücken aus, hinunter über die Beine bis zu den Füßen, dann bitte ich ihn, sich vertrauensvoll fallen zu lassen und an mich zu lehnen. Ich umarme ihn liebevoll von hinten und wir gehen zusammen in die Atmung, prana jama, um die Energien zu wecken und mehr Sauerstoff ins Blut zu transportieren.

Anschließend bitte ich ihn, auf einem Tantra-Sitzkissen Platz zu nehmen und wir beginnen die tantrische Begrüßung. Mit in Gebetshaltung zusammengefügten Händen begrüßen wir „das Göttliche in uns." Dann übergebe ich ihm einen roten Kristallstein mit Diamantschliff, den er mit beiden Händen umschließt. Jetzt darf er einen Herzenswunsch an das Universum schicken. Dann bitte ich ihn, sich bäuchlings auf die am Boden liegende Matratze zu legen, die wunderschön mit indischen Kissen dekoriert ist.

Ich lege ein zartes Seidentuch auf seinen gesamten Körper und ziehe es ganz langsam wieder herab, so dass es ihn sanft streift. Ein Wahnsinnsgefühl. Viele Gäste wollen, dass ich es noch mehrmals wiederhole.

Jetzt beginnt die Federausstreichung. Ich benutze unglaublich feine und zarte Straußenfedern. Anschließend lege ich Läppchen, getränkt in heißem Rosenwasser, auf die tantrisch wichtigen Punkte, insbesondere auf das Kundalinidreieck (Steißbein) und begleite diese Behandlung mit den Worten: „Sie sollen dein inneres Feuer wecken."

Kurz darauf gehe ich zum Fußende, berühre beide Fußsohlen ganz zart (allerdings nicht mehr bei Frank, er ist kitzelig) und streiche ganz sachte und achtsam von unten nach oben bis zum Po, da halte ich inne und streiche, zurück zu den Füßen, die Innenseiten der Beine aus. Dann langsam über den Po bis zum Rücken, dabei lege ich mich mit meinem gesamten Körper auf ihn und wir atmen zusammen. Natürlich stütze ich mich geschickt mit einem Bein ab, damit ich ihn nicht umbringe oder es gar zu Atemnot führt. Ich habe schließlich 3 kg Übergewicht und will nicht riskieren, die Pietät anrufen zu müssen.

Spätestens jetzt hat jeder seine Anspannung oder seine Ängste verloren und lässt sich fallen. Dann beginne ich die tantrische Massage mit den ersten Ausstreichungen am Rücken.

*

Während ich diese Zeilen schreibe, führen mich meine Gedanken in jene Zeit zurück, als ich auf eine Anzeige in der Frankfurter Rundschau reagierte. „Masseurin gesucht" war sie betitelt. Ich rief an.

3

Masseurin gesucht

Zu dieser Zeit war ich 33 Jahre alt, seit 5 Jahren verheiratet mit Tim, einem Rechtsanwalt, den ich mit 14 Jahren in der Tanzschule Bauer kennengelernt hatte. Er war mein erster Mann, wir waren seit 19 Jahren zusammen. Leider schlich sich auch bei uns, wie in so vielen Ehen, ein großes Zärtlichkeitsdefizit ein, da er ständig müde war. Bedingt durch seinen Arbeitsstress und die Routine des Alltags.

Ich war verzweifelt auf der Suche, mein Zärtlichkeitsdefizit mit einem Nebenjob in der Freizeit zu kompensieren, und dann stieß auf die Anzeige in der Rundschau. Ich bekam sofort einen Vorstellungstermin als Masseurin.

Als gelernte Kinderkrankenschwester arbeitete ich damals in den Städtischen Kliniken Offenbach auf der psychiatrischen Station als Gesprächstherapeutin. Nach dem Frühdienst machte ich mich auf zu meinem Vorstellungstermin. In einem Hochhaus auf der Hanauer Landstraße im 10. Stock empfing mich ein älterer, kräftiger Herr. Sein Name war Kunz. Er saß ganz entspannt in seinem großen Ledersessel und ich war megaaufgeregt, ließ es mir jedoch nicht anmerken.

„Wir benötigen ab sofort eine neue Masseurin unten im 8. Stock. Die neue Telefonistin, die die Termine annimmt, hat schon angefangen. Wie sieht es mit Ihnen aus? Trauen Sie sich die Arbeit zu?"

Na klar! Ich hatte mit 3 Jahren angefangen, alles zu massieren, was mir in den Weg kam und während meiner Ausbildung zur Kinderkrankenschwester in Frankfurt-Höchst in einer Massagepraxis als angelernte Kraft mitgearbeitet, wohlbemerkt in meiner Freizeit, um mein Schwesternschülerinnengehalt aufzubessern. Gelernt habe ich meistens nachts.

Herr Kunz stellte mich erst einmal mündlich ein und zur Probe. Am nächsten Tag sollte es schon losgehen.

Da stand ich nun, bewaffnet mit meinem Schwesternkittel, und wurde der schüchternen Telefondame, Kerstin, 28 Jahre alt, vorgestellt. Sie war genauso zu ihrem Job gekommen wie ich und hatte gestern angefangen, um im Vorfeld schon Termine für mich zu machen.

Dann wünschte uns Herr Kunz viel Spaß und eine gute Zusammenarbeit. Dies war der Beginn, meiner unglaublichen Massagekarriere.

*

Während meiner Ehe war ich neugierig auf alles, was ich noch nicht kannte und wollte mir einen Pornofilm ausleihen. Ich suchte in unserem Dorf, in das wir nach der Hochzeit gezogen waren, eine Videothek und umschlich sie zunächst, weil ich mich nicht hinein traute. Dann gab ich mir einen Ruck, ging hinein, sah mir bei einem Rundgang alles an, wurde Mitglied und lieh mir zuletzt keinen Porno, sondern einen Abenteuerfilm aus. Zumindest hatte ich die

Schweineecke gefunden, die ich das nächste Mal aufsuchen wollte.

Es war Winter, ich zog mir ein Kapuzen-Sweatshirt an, einen dicken Schal ins Gesicht, so dass mich niemand in der Schweineecke erkennen konnte. Ich war sehr angespannt und aufgeregt, als ich den Laden betrat. Ein siffiger Typ saß am Tresen und las in einem Schweineblättchen. Er beobachte mich, wie ich im hinteren Raum verschwand.

Alter Schwede! Welch eine Hardcore-Auswahl. Ich konnte mich nicht entscheiden und griff irgendwas, flitzte zu dem Sifftyp und nix wie raus. Dachte ich mir so, der aber schaute mich an und rief laut durch den Laden: „Na, was haben wir denn gefunden? Ach, die wilden Dirndl und die lustigen Lederhosen. Das ist aber ein Softporno."

Nein, nein, nein. Ich schämte mich in Grund und Boden. Einige Kunden drehten sich nach mir um. Nur gut, dass mich niemand erkennen konnte.

Mit hochrotem Kopf rannte ich hinaus. Der Film war totaler Schrott, das Thema durch. Es war nur stressig und peinlich.

Und dann kam mein erster Dildo. Oder wie ich sie scherzhaft und liebevoll nenne: Doldi.

1997 Ich entdeckte in der Vilbeler Straße ein Erotikgeschäft nur für Frauen. Dort fand ich eher den Mut hineinzugehen als bei Beate Uhse. Die Besitzerin Sandra Maravolo, eine ganz tolle Frau und beeindruckende Erscheinung, begrüßte mich. Sofort fühlte ich mich wohl und konnte ungestört alles ansehen und anfassen.

Ich kaufte mir auf ihre Empfehlung das Beste, was es zu diesem Zeitpunkt auf dem Markt gab, den Eroscilator.

Witziges Ding! Sah aus wie eine elektrische Zahnbürste, aber es erfüllte meine Bedürfnisse zur vollen Zufriedenheit.

Seit dieser Zeit stand ich mit Sandra in Kontakt. Sie verteilte meine Flyer und empfahl mich an Frauen weiter. Heute hat sie ein neues, sehr großes Geschäft in exponierter Lage. Stiftstraße 9, eine der Seitenstraßen der Frankfurter Zeil. Dort finden in kurzen Abständen Events speziell für Frauen statt. Sie gestaltet diese Abende sehr liebevoll mit Auftritten von neuen Autoren, die in ihren Werken über Sinnlichkeit, Erotik und Sex schreiben

*

Es war unfassbar, wie oft in einer Stunde das Telefon der Massagepraxis klingelte, aber es gab ganz komische Anfragen der Massageinteressenten. Kerstin schaute mich mit verdutztem Gesichtsausdruck an. „Wera, da rufen komische Leute an. Nur Männer. Die fragen ständig nach einer Handentspannung am Ende der Massage. Was ist das denn?"

Das wusste ich auch nicht, aber ich sollte es gleich erfahren. Das Geheimnis der Handentspannung lüftete mein erster Massagegast. Ein feiner Herr betrat die sehr spartanisch eingerichtete Massagepraxis, die eher einer unterkühlten Arztpraxis glich. Er hieß Rolf, war sehr freundlich und legte sich sofort nackt auf die Massagebank.

„Die Unterhose hätten sie aber ruhig anlassen können", sagte ich zu ihm und deckte seinen Popo zu.

Er schaute mich erstaunt an und über sein Gesicht zog sich ein verschmitztes Grinsen. „Na, du bist wohl die

Neue?", sagte er. „Die andere haben sie rausgeschmissen. Hat sehr viel Mist gebaut und wohl auch Massagen unterschlagen. Aber sonst war sie echt top, hat ihren Job verstanden wie keine andere. Dann zeig mal, was du drauf hast!"

So etwas tut man doch nicht, dachte ich. Mein weißer Schwesternkittel war bis zum letzten Knopf geschlossen. Ich stellte mich vor. „Mein Name ist Angi." Denn Angela ist mein zweiter Vorname.

Aus einem kleinen Rekorder spielte merkwürdige Schmusemusik, die mir gar nicht gefiel. Und dann legte ich los und massierte meinen ersten Gast Rolf mit einer gewissen Anspannung und Nervosität, die er zwar bemerkte, ihm aber zu behagen schien: „Du bist aufgeregt, das fühle ich. Macht mich ganz schön an, du bist so süß."

Es mache ihn an? Was war denn das für einer? Ein Perverser? Und was hieß denn hier ‚süß'? Er nahm mich und meine Arbeit nicht ernst.

Ich bat ihn zu schweigen, sich auf seinen Körper zu konzentrieren und die Massage zu genießen, was er dann auch tat. Ich kann schon sehr resolut und bestimmend sein. Er parierte und blieb die nächsten 45 Minuten ganz ruhig. Dann bat ich ihn, sich umzudrehen. „Oh ja", sagte er voller Vorfreude, „endlich meine heißersehnte Handentspannung."

Was erzählte er da? Ich fragte ihn, was das zu bedeuten habe. Er drehte sich um und schmiss das Tuch von seinem Körper. Ich zuckte zusammen und in dieser Schrecksekunde platzte es aus mir heraus. „Mein Gott, was für eine Latte! So etwas habe ich ja noch nie gesehen."

Er lachte sich halb kaputt. Das Lachen sollte ihm aber schnell vergehen, da ich das Tuch über sein riesengroßes erigiertes Glied legte, das nun aussah wie ein Türmchen.

Er schaute mich verdutzt an. „Hallo, der kommt jetzt dran!" Er riss das Tuch wieder runter. Ich legte es demonstrativ wieder auf seinen Penis. „Bitte, lass den Quatsch!"

Also doch ein Perverser, überlegte ich. Doch dann flüsterte er mir das Geheimnis der Handentspannung. Oh, mein Gott! Er will, dass ich seinen Dödel bis zum Orgasmus massiere? Was glaubt er denn, wo er hier ist?

Und dann schoss mir ein Gedanke durch den Kopf: Was glaubst du wohl, Wera, wo du hier gelandet bist? Ach, du grüne Neune!

Ich erklärte ihm, dass ich eine ehrbare Frau sei, mein Mann zudem Rechtsanwalt, und dass ich so etwas niemals machen würde.

Zu meiner Verwunderung lobte er mich anschließend in den Himmel, zumindest für die bis jetzt zauberhaft gelaufene Massage, und ich möge doch nun bitte weitermachen. Ich solle mir einfach vorstellen, er sei mein Mann. Vielleicht fiele es mir dann leichter.

„Mein lieber Rolf", sagte ich. „jetzt hör' mir mal zu. So etwas mache ich auch nicht bei meinem Mann. Und schon gar nicht bei dir!"

Das war's.

Ich war fertig mit ihm und wollte gleich hoch gehen zu Herrn Kunz, ihm mächtig dem Marsch blasen und kündigen. Ich war eindeutig unter falschen Voraussetzungen hier gelandet. Er hatte mir die Art der

Massage verheimlicht. Mit gutem Grund, denn ich wäre sofort aus seinem Büro geflohen.

Der liebe Rolf jedoch war von mir angetan und hielt mich zurück. Er versprach, die Woche noch mal zu kommen. Ich solle es mir überlegen, er würde auch etwas extra zahlen.

Nein, für kein Geld der Welt!

Das stand für mich fest. Nun konnte ich auch Kerstin über unseren wahren Job aufklären. Sie hörte mich mit hochrotem Kopf an. Dann schüttelten wir uns vor Lachen. Wo waren wir hier nur gelandet? War das ein Puff? Nein! Wir analysierten. Im Puff schlafen die Frauen mit den Männern. Aber was war das hier?

Wir gingen im Anschluss zu Herrn Kunz. Er ahnte bereits anhand unserer angespannten Mimik, was wir wollten. Mich wollte er zuerst anhören. Ich schimpfte und beschimpfte ihn, was das Zeug hielt. „Schweineladen!" war noch das Harmloseste, was ich ihm an den Kopf warf.

Herr Kunz blieb ruhig und gelassen. „Nun nehmen Sie doch erst einmal Platz!", sagte er mit einem Lächeln. „Sagen Sie mal, wie viel verdienen Sie im Krankenhaus? Genug, um sich Ihre Wünsche zu erfüllen? Oder gibt Ihnen Ihr Mann seine Kreditkarte zum Shoppen?"

Blödmann! Warum suche ich wohl einen Nebenjob? Aber damit kriegst du mich nicht.

„Liebe Wera", machte er weiter. „Von was träumen Sie derzeit? Sagen Sie es mir!"

Oh! Er wollte mich um den Finger wickeln und erreichte tatsächlich damit, dass meine Gedanken zu einem ganz tollen Mountainbike flogen, was ich mir in 1000 Jahren nicht würde kaufen können, da es mein Budget bei weitem überstieg. Seit Mitte des Jahres war ich ambitionierte Mountainbikerin und fuhr nach dem Dienst oft 50-80 Kilometer. Durch das Training hatte ich bereits mächtig abgenommen. Meine neue Leidenschaft Mountainbike habe ich in meiner Kur in Bad Oeynhausen entdeckt, vielmehr wurde ich in jenem Sommer an das Thema herangeführt. Doch dazu später mehr. Jetzt galt es zunächst, Herrn Kunz die Stirn zu bieten und sich nicht weichkochen zu lassen. Ich saß ihm also gegenüber und er wollte von mir wissen, ob ich mit Dödelmassagen meinen Traum von einem Mountainbike realisieren möchte. Verlockend war das schon, aber jetzt war mir endgültig klar, dass ich wahrhaftig in einer Erotikmassage gelandet war, wovon ich nie zuvor etwas gehört hatte. Wie auch? Die besuchten ja nur Männer und schwiegen über ihre erotischen Erlebnisse.

Hätte es damals schon Google gegeben, wäre ich schlauer gewesen, hätte die Adresse eingegeben und so wäre ich über diese Art der Massage im 8. Stock über der Hanauer Landstraße aufgeklärt worden.

Ich forderte von Herrn Kunz Bedenkzeit. Wollte eine Nacht darüber schlafen, bekam jedoch kein Auge zu. Sinnierte, was ich im Krankenhaus in all den Jahren an unangenehmen Arbeiten verrichten musste und wie hoch der Nachtdienstzuschlag für eine Woche war. Exakt so viel wie eine Stunde Massage.

Am nächsten Tag nach dem Frühdienst stand ich vor Herrn Kunz. „Ich werde mich überwinden, aber nackig mache ich mich dabei nicht, nur dass wir uns richtig verstehen!" Ich wollte sicher gehen, da Rolf auch diesbezüglich eine Anspielung gemacht hatte.

Herr Kunz stimmte sofort zu. Und da Kerstin noch am selben Tag das Handtuch warf, übernahm ich ihren Job ebenfalls.

Ich hörte in dieser Zeit oft Radio. Eine Moderatorin namens Susi lispelte und sprach mit hoch erotischer Stimme. Sie kommentierte lustige Dinge des Tages und wurde mein Vorbild. Ich versuchte, ihre Stimme zu kopieren und manipulativ sinnlich einzusetzen. Hilfreich war auch meine Erinnerung an einen Rhetorik-Kurs, den ich ein paar Jahre zuvor besucht hatte.

Und siehe da. In der Telefonkaltakquise war ich richtig gut. Meine Termine standen zu 100%. Ich war über mich selbst erstaunt. Hier konnte ich meine verborgenen, leider unterdrückten, schauspielerischen Fähigkeiten ausleben.

*

Was ich schon alles werden wollte – natürlich auch Schauspielerin!

Und Fotografin. Mit 9 Jahren gewann ich den 1. Preis des Jugendfotopreises Deutschland und erhielt eine Urkunde vom Bundesminister für Jugend, Familie und Gesundheit. Meine Eltern schickten mich in eine Kinderfotoschule, in der ich vom professionellen Fotografieren, über die Dunkelkammer bis hin zum Filme selber entwickeln alles lernte, was man als Fotograf braucht.

Mit 10 Jahren entdeckte ich aber eine neue Leidenschaft für mich: meine Liebe zur Schauspielerei. Meine

Pferdeposter wichen für meinen Lieblingsschauspieler Horst Janson. Er war mein großes Vorbild, weil er immer lockere unkonventionelle Rollen spielte wie in ‚Der Bastian' oder in ‚Härte 10' einen starken Typen. Zudem hatte er eine tolle Stimme, ich bin nämlich absoluter Stimmenfetischist.

*

Als klein Wera zwei Jahre alt war, achtete meine Mutter sehr darauf, dass meine Fantasie und Kreativität gestärkt wird. Sie schenkte mir Märchenschallplatten, die wundervoll vorgetragen wurden. Es war eine weiche, warme Männerstimme und so entwickelte ich mein Gehör für Stimmen. Ich wurde fast zur Stimmenfetischistin, bis heute.

Durch die vorgetragenen Märchen entwickelte ich die Gabe, mir in meiner Fantasie alles so vorzustellen, wie ich es hörte. Ich tauchte jedes Mal tief in die Geschichte ein. Später ging es mir bei Büchern genauso. Ich ging voll mit. Was auch immer der beschriebenen Person in einem Roman passierte, ich fühlte mich intensiv in deren Emotionen ein. Ich lebte und erlebte es förmlich mit.

Seit dieser Zeit schmolz ich bei sonoren Stimmen dahin. Ich konnte noch nicht lesen, gerade mal eine Buchseite umblättern, und hatte trotzdem schon ein Arsenal an Kinderbüchern. Mein erstes war „Elli Kari. Geschichte eines Lappenmädchens." von Anna Riwkin-Brick. Ein Fotobuch eines 4-jährigen Mädchens, in dem das Leben in Lappland gezeigt wurde. So begriff ich schnell, wie gut es mir in Deutschland ging und erwarb so eine ganz andere Wertschätzung für mein Spielzeug oder andere Dinge, die bei uns selbstverständlich waren.

Später als Teenie hörte ich mit meinem Transistorradio nach 20 Uhr heimlich das Wunschkonzert mit Elmar Gunsch. Seine Stimme war zum Zerfließen. Ich habe die Sendung nur wegen seiner sonoren, göttlichen Stimme angestellt.

Im Jahre 2009 erlebte ich dann eine wirklich schöne Überraschung. Es war beim legendären Faschingsdienstag im Fidelio. Dort ging ich seit 15 Jahren hin. Ich stand am Tresen und wollte mir gerade einen Wein bestellen, da spricht mich eine wundervolle Stimme an: „Darf ich Sie zu diesem Wein einladen?" Mir war sofort klar, es konnte sich nur um einen handeln: Elmar Gunsch. Ohne mich umzudrehen, rief ich spontan ja. Und als ich mich kurz darauf zu ihm drehte, sah ich einen großen weißhaarigen Mann mit sehr gepflegtem Bart und gekleidet wie Johannes Heesters. Es war tatsächlich Elmar, der Wahnsinn. Wir stießen an und lächelten. Er bat mich zum Walzer. Ein absoluter Gentleman, wow.

Beim Tanzen erzählte ich ihm aus meiner Jugend, dass ich ihn heimlich im Radio angehört habe. Das hätte ich mir als Kind nie träumen lassen, einmal mit Elmar Gunsch Walzer zu tanzen.

*

Ich setzte also alles daran, Schauspielerin werden zu können. Im Nordwestzentrum gab es ein Kinder- und Jugendtheater. Ich stellte mich kurzerhand der Leiterin Frau

Backhaus vor und bat um eine Chance, mitspielen zu können. Es stünde ein großes unentdecktes Talent vor ihr, sagte ich übermütig, sie müsse mich unbedingt fördern. Tatsächlich bekam ich für die Theatersaison eine Rolle in Pipi Langstrumpf. Ich fühlte mich wie ein Star im Rampenlicht.

Erstmals auf der Bühne hatte ich schon drei Jahre zuvor gestanden, in der Rolle der jüngsten Tochter des Milchmanns Tewje aus Anatevka. Damals suchte das Ensemble dringend ein kleines Mädchen für die Rolle ohne Text, da die Statistin krank geworden war. Die Theaterluft war sehr beeindruckend, der volle Saal, die Scheinwerfer und der Applaus. Ich konnte nicht genug davon bekommen.

Als ich 12 Jahre alt war, wurde im Nordwestzentrum ein Tatort gedreht. Ich war natürlich dabei. Jeden Tag nach den Schulaufgaben stand ich am Drehort und suchte den Regisseur. Als ich ihn ausfindig gemacht hatte, erzählte ich ihm von meinen Auftritten, dass ich schon recht erfahren sei und unbedingt in dem Krimi mitspielen wollte. Ich bekam auch hier eine Rolle, wenn auch nur eine ganz kleine Komparsenrolle. Aber ich war glücklich.

Alle 10 Jahre wird dieser alte Tatort wiederholt. Ich sehe ihn mir immer an und muss schmunzeln.

Eines Tages sollte ein Theaterstück mit meinem geliebten Horst Janson laufen. Meine Chance, ihn persönlich kennenzulernen. Im Bürgerhaus-Nordweststadt kannte ich mich besser aus als der Hausmeister. Jede Ecke, jeden Notausgang. Und wie man jeden Sonntag umsonst durch geheime Gänge oder Notausgänge ins Kino kam, wusste ich natürlich auch. Ich schlich mich eine Stunde vor der

Aufführung in den Bereich der Bühne und versteckte mich 10 Meter über der Bühne auf dem schmalen Stahlgerüst, an dem die Scheinwerfer hingen. Dort saß ich auf einem zehn Zentimeter breiten Stahlrohr, die Beine baumelnd, und hielt mich mit den Händen an einem Stahlseil fest. Höhenangst kannte ich nicht. Es war gigantisch, das ganze Stück aus dieser Perspektive zu verfolgen.

Nach dem Applaus verschwanden die Darsteller in ihrer Garderobe und klein Wera huschte hinterher. Ich klopfte nur einmal an Horst Jansons Garderobentür und wartete nicht einmal ein Herein ab. Zack stand ich mitten in seinem Zimmer. Hinter mir ein ganzer Pulk älterer Damen, die Autogramme wollten und mich erstaunt ansahen. Sie mussten draußen bleiben.

Horst Janson stand, nur bekleidet mit einem Handtuch um die Hüften, vor mir und staunte nicht schlecht. Er zog sich einen Bademantel über und schaute mich fragend an. Ich ließ ihn aber nicht zu Wort kommen, erzählte, dass ich ihn liebe und ihn später auf alle Fälle heiraten werde. Seinen verwunderten Blick werde ich nie vergessen.

In diesem Moment schoss Monika Lundi herein. „Kleine, das wird schlecht gehen. Horst ist mein Mann." Sie lächelte gequält.

Ich ließ mich aber von ihr nicht abhalten, sondern erzählte frech, dass ich Schauspielerin werden und eines Tages mit ihm auf der Bühne stehen wollte.

Horst Janson lächelte und unterhielt sich tatsächlich 20 Minuten mit mir. Ich war die glücklichste Wera der Welt.

Es sollte allerdings weder mit der Fotografiererei noch mit der Schauspielerkarriere etwas werden. Aber alle

Erfahrungen, die ich in diesen Bereichen gesammelt hatte, nutzte ich in meinem späteren Leben. Beispielsweise für die Choreografie meiner Fotos oder mein Schauspieltalent im Verkauf für diverse Nebenjobs.

Aber eigentlich habe ich immer etwas gesucht, in dem ich die Wera bin und sein kann. Eine Arbeit, die mein Leben ist. Eine echte Passion, in der ich authentisch sein kann. Wera mit allen Ecken und Kanten. Und ebenso kleinen Speckröllchen. Ich wollte nie mehr im Leben jemandem etwas vormachen müssen, sondern einfach sein, wie ich bin.

Es ist so schade, dass wir uns oft hinter Masken verstecken, im Zahnrad des Lebens gefangen sind und uns ständig anpassen oder unterwerfen müssen. „Leben, wie es mir gefällt." Das hat mir an Pipi Langstrumpf schon als Kind gut gefallen.

Aber bis ich zu diesem Punkt gelangte, sollten noch viele Jahre der Anpassung und Unterwerfung im Berufsleben vergehen.

4

Die Kur

Durch die jahrelange, oft körperlich anstrengende und harte Arbeit im Krankenhaus schlichen sich bei mir schwerwiegende Rückenprobleme ein, die ich zunächst 4 Jahre lang konservativ behandelte. Was aber keine wesentlichen Fortschritte brachte, also stellte ich einen Kurantrag. Er wurde bewilligt und im Sommer, an einem schönen Junimorgen fuhr ich mit meinem alten roten Polo nach Bad Oeynhausen in eine onkologische und orthopädische Klinik. Ein wunderschönes Krankenhaus, die „Klinik am Baum" erwartete mich. Sie glich eher einem Hotel und lag direkt neben einem großen schönen Park.

Die Eingangsuntersuchungen wurden abgeschlossen und ein Gespräch mit dem Chefarzt stand an. Er war ein sehr netter Mann mittleren Alters, der meine Akte genau studierte, in der alles über mich stand, was meine Ärzte und die Krankenkasse festgestellt hatten.

Mitleidig blickte er auf. „Seit 4 Jahren sind Sie schon in diesem Leidenszustand. Na, dann hoffe ich mal, dass Ihnen diese Kur helfen wird."

Ich fragte nach. „Was steht denn sonst noch in der Akte?"

Er sah mich an. „Wollen Sie das wirklich wissen?"

„Na klar! Ich war schon immer neugierig."

„Tja", sagte er leicht seufzend. „Hier steht. Frau M. ist eine leicht adipöse und depressiv wirkende Patientin. Dann folgt die Diagnose Ihres Rückens."

In diesem Moment fiel mir alles aus dem Gesicht. Ich war wirklich geschockt. Adipös und depressiv? So habe ich also auf diese blöde Vertrauensärztin der Krankenkasse gewirkt. Naja, im Vergleich zu diesem Hungerhaken von Ärztin war ich kräftiger gebaut, aber doch nicht adipös. Ich fühlte mich gekränkt. Und depressiv? Vielleicht hatte ich nur einen schlechten Tag erwischt. Diese blöde Kuh. Welch eine Frechheit!

Aber die beiden Worte ließen mich nicht mehr in Ruhe und verfolgten mich. Ich musste ununterbrochen daran denken und gestand mir ein, dass ich eine ganze Zeit wie in Trance und in tiefem seelischen Schmerz gelebt hatte. Zwei Jahre zuvor hatte ich eine Fehlgeburt gehabt, dabei hatte ich mir sehnlichst ein Kind gewünscht. Dieser Traum sollte sich nie für mich erfüllen.

Mein Mann unterstütze mich in dieser Zeit kaum, da er mit der Situation nicht umgehen konnte und dann kam zusätzlich noch das eingeschlichene körperliche Zärtlichkeitsdefizit hinzu. Berührungen und Zuneigung hätte ich in dieser Zeit echt gebraucht.

Zu der Zeit war ich auch sehr unkonzentriert auf der Station und stand oft neben mir, aber mein Team hat es aufgefangen. Danke an dieser Stelle an mein Ex-Team der Station 740.

Später suchte ich mir zusätzlich Ablenkung durch Töpferarbeit und Seidenmalerei, um den Schmerz zu verdrängen, denn die Psychologin, die mich für ein Jahr begleitete, war ohne positive Relevanz für mich.

Zurück zu meiner Kur. Am Abend betrat ich erstmals den Speisesaal. Schreck lass' nach! Ich war mit Abstand der jüngste Kurgast. Der Durchschnitt lag bestimmt über 45 Jahre. Ein Altersheim, na, das konnte ja heiter werden. Ich schaute einmal kurz durch den Saal und entdeckte eine Frau, die ich auf 38-40 Jahre schätzte, und setzte mich zur ihr. Sie war gestern erst angekommen und hieß Barbara. Wir waren ab dem Abend unzertrennlich, dank der guten Chemie zwischen uns. Barbara kam aus der Nähe von Frankfurt, war verheiratet und hatte zwei große Kinder.

Ich bekam einen Kuranwendungsplan und so war ich ganz schnell im Routineablauf der Klinik gefangen. Morgens ging ich zu den Anwendungen und nachmittags in die Therme zur Unterwassergymnastik, anschließend schwamm ich im großen Außenbecken, das für alle zugängig war. Eines Tages bemerkte ich dort die Blicke eines sehr gut aussehenden Mannes, der mich ständig im Visier hatte.

Abends ging ich mit Barbara in ein Kurtanzlokal, das etwa zehn Minuten zu Fuß von der Klinik entfernt lag. Wir trafen auf weitere lustige Kurgäste aus nahegelegenen Krankenhäusern, denn halb Bad Oeynhausen war ein Kurkrankenhaus.

Es gab allerdings strenge Auflagen. Punkt 22 Uhr musste jeder Kurgast wieder in seinem Luxusgefängnis sein. Nicht anders als damals zu Hause bei Mutti. Schon bei drei Verstößen wurde es der Krankenkasse gemeldet und man durfte die Rückreise antreten und bekam womöglich nie wieder eine Kur finanziert.

So kam es zu tumultartigen Szenen. Denn nach dem Tanzen rannten alle wie die Wiesel in ihre Krankenhäuser. Das sah schon lustig aus, wie die Kurgäste in Strömen die Straße entlang hetzten.

An einem der ersten Tage rief ich meinen Mann an und fragte ihn, ob er mich an den Wochenenden mit Barbaras Ehemann besuchen kommen würde, schließlich wohnten beide nicht weit voneinander entfernt. Doch mein Göttergatte meinte, es wäre ihm zu aufwändig. Die lange Fahrt. Ich war es ihm also nicht wert. Im umgekehrten Fall hätte ich jede Strecke auf mich genommen, da war ich mir sicher. Na gut, das merkte ich mir.

Einen Tag später kam der schöne Mann, 1,80 groß und ein echter Adonis, im Solebad auf mich zu und sprach mich an. Ob ich Kurgast sei und was ich heute Abend vor hätte. Er wolle mich zum Tanzen einladen. Ich willigte ein und sagte Barbara ab. Es war ein toller Abend, der leider um 21.45 Uhr abgebrochen werden musste. Ich rannte schnell zurück in die Klinik.

Am nächsten Abend war auch Barbara mit dabei und wurde neidisch beim Anblick dieses Mannes, da auch in ihrer Ehe ein reduziertes Liebesleben stattfand. Oder eher nicht stattfand.

Die 22 Uhr-Sperrstunde der Klinik empfand ich als persönliche Lebenseinschränkung, die fast einer Freiheitsberaubung glich. Sie gefiel mir überhaupt nicht und ich überlegte mir eine Strategie. Am folgenden Abend öffnete ich vor dem Tanzen das Fenster im ersten Stock zu meinem Treppenhaus, legte Turnschuhe in mein Auto und eine Jogginghose. Als alle anderen Kurgäste um 21.45 Uhr Richtung Klinik rannten, tanzten wir bis zwei Uhr in die tiefe Nacht. Es war für mich ein sehr prickelndes Gefühl, von solch einem Mann begehrt zu werden. Ich fühlte mich wieder als Frau, obwohl ich laut Krankenakte als adipös abgestempelt worden war.

Er schmiegte sich beim Tanzen an meinen weiblichen Körper und gestand mir, dass er Frauen dieses Formates liebte. Ich verliebte mich in ihn und erfuhr, dass er Arzt in einer anderen Klinik war.

Fortan war ich die gesamte Kurzeit am Schweben. Er stammte gebürtig aus Russland und sagte oft ‚ja lüblü tebja' – ‚ich liebe dich'. Seine Küsse waren heiß und innig.

Er brachte mich zum Auto, schaute mir verdutzt zu, wie ich mein Tanzkleid und die High Heels gegen Turnschuhe und Jogginghose tauschte, mich von ihm verabschiedete, die Regenrinne wie ein Äffchen hochkrabbelte, in das noch offene Fenster stieg und leise im Zimmer verschwand.

Einige Abende später schleuste ich ihn unauffällig in mein Zimmer und wir hatten unglaublich schönen Sex. Am Morgen gegen 7 Uhr wachten wir auf und es fing von neuem an. Leider waren wir dabei nicht gerade leise und das Bett stieß bei jeder Bewegung an die Wand, die zum Flur lag. Als ich ihn verabschiedete und kurz darauf auch das Zimmer verließ, saßen drei Neuankömmlinge direkt neben meinem Zimmer und warteten auf die Krankenschwester, die sie gleich einzeln zur Blutentnahme ins Schwestern-zimmer aufrufen würde. Sie schauten mich an und lächelten. Einer konnte sich einen Kommentar nicht verkneifen. „Tolle Klinik! So möchte ich meinen Kuraufenthalt auch gestalten."

An einigen Abenden hatte mein russischer Adonis Dienst und ich ging mit Barbara zum Tanzen. Dabei lernte ich den Kurgast Paul aus Karlsruhe kennen, der sehr gut tanzen konnte. Man muss mich schon gut führen können, sonst tanze ich aus der Reihe.

Paul lud mich auf eine Radtour im Teutoburger Wald ein, der in unmittelbarer Nähe von Bad Oeynhausen lag. Ich lieh mir nach den Anwendungen ein Damenrad. Es ging los und wir hatten einen Heidenspaß.

Die nächsten Tage legte ich meine Anwendungen so, dass ich am frühen Nachmittag fertig war und mit Paul Fahrrad fahren konnte. Ich entwickelte so viel Enthusiasmus, dass unsere Touren rasch größer wurden. Paul bescheinigte mir echtes Talent und so kaufte ich mir kurzerhand ein preiswertes Mountainbike.

Die Folge meines Programms war, dass ich in kürzester Zeit fünf Kilo verloren hatte und es ging weiter bergab. Kein Wunder. Anwendungen, Fahrradfahren, abends zum Tanzen und das auf 800 Kalorien reduzierte Essen wegen meiner Adipositas.

Nicht zu vergessen meine heißen Liebesnächte. Dieses Verhältnis bekam Paul natürlich auch mit und missbilligte es sehr, da ich doch verheiratet sei. So etwas tue man nicht, meinte er, war aber nicht eifersüchtig. Er wollte nur das Beste für mich.

Die ersten beiden Wochen vergingen wie im Flug. Die Kur war auf vier Wochen anberaumt. Da ich so gerne länger bleiben wollte, ging ich zum Chefarzt und bat um Verlängerung, erfuhr jedoch, dass nur onkologische Patienten einen Anspruch darauf hatten. Ich bot ihm einen Deal an. Sollte ich nach der vierten Woche 10 Kilo abgenommen haben und ihm eine Luftaufnahme seiner

Klinik schenken, die er sich seit langem wünschte, das hatte ich heraus bekommen, müsste er meine Kur verlängern. Er schaute mich an. „Ich kenne ihr Geheimnis", sagte er. „Es tut Ihnen ausgesprochen gut, auch wenn wir letzte Woche das offene Fenster im ersten Stock schließen mussten. Wie haben Sie eigentlich die Nacht verbracht? Im Park?"

„Nö", sagte ich ehrlich und fühlte mich ertappt. „Im Auto."

Zum Glück zog es keine Konsequenzen nach sich, aber der Deal stand. Ich wollte zehn Kilo abnehmen mit viel Sex und Mountainbike. Und der Chefarzt sollte die Luftaufnahme seiner Klinik bekommen. Denn ich hatte am Anfang der Kur einen Piloten kennengelernt, der mich unbedingt zu einem Flug einladen wollte. Zuerst wollte ich nicht, aber jetzt kontaktierte ich ihn wieder. Natürlich nur für die Luftaufnahme. Barbara lud ich auch dazu ein, denn allein wollte ich nicht mit ihm in die Luft gehen. Es war eine tolle Aktion. Ein schöner Sommertag, an dem wir den Rundflug starteten. Der Arme dachte wirklich, dass ich mich abends mit ihm zum Essen treffen würde. Doch da war ich leider verhindert.

Natürlich gab mir der Chefarzt zwei Wochen Kurverlängerung, denn er bekam seine Luftaufnahme in einem wunderschönen Bilderrahmen und den Beweis auf der Waage. Ich hatte tatsächlich zehn Kilo abgenommen.

Barbara reiste nach der vierten Woche leider ab, aber ich hatte ja noch die Nachmittage mit Paul beim Biken und abends und nachts den Arzt. Eine wunderschöne, wilde und aufregende Zeit.

Die letzten zwei Wochen verliefen genauso spannend. Hin und wieder übernachtete ich im Auto, da das Fenster im ersten Stock geschlossen wurde oder der russische Arzt übernachtete bei mir im Zimmer. Es wurde inzwischen vom Personal stillschweigend geduldet.

Ich war ja auch ein außergewöhnlich liebenswerter und herzerfrischender Kurgast, sagten jedenfalls der Chefarzt und das Personal. So eine hätten sie noch nie erlebt. Ich bekam meine Verlängerung und hatte noch sehr viel Spaß.

Die Kur war zu Ende und ich befand mich sofort wieder in der Routine der Arbeit. Meine Kollegen bemerkten im Krankenhaus alle den unglaublichen Wandel der Schwester Wera. Eine neue Frau stand plötzlich da. Wieder mitten im Leben und immer fröhlich und vor allem von Größe L jetzt in Größe S. Ich fühlte mich wie ein Topmodel.

Abends hörte ich noch lange russische Musik als Erinnerung an den Arzt und die schöne Zeit. Nicht selten standen mir dabei Tränen in den Augen.

*

Mit Paul habe ich bis zum heutigen Tag Kontakt. Einmal im Jahr rufen wir uns zum Geburtstag an. Damals, nach der Kur, fing ich an, extrem viel Rad zu fahren. Es war wie ein Rausch. Ich trainierte die Woche bis zu vier Mal, jeweils zwischen 50 und 80 Kilometer am Nachmittag nach meinem Job im Krankenhaus.

Ich war auch schon zu Besuch in Karlsruhe. Pauls Verein nahm mich sehr nett auf. Ein reiner Männer-Mountainbikeverein. Ich sollte als einzige Frau die anstehende

Toskanatour im Frühjahr des nächsten Jahres mitfahren. Es war eine Ehre für mich, in diese Männerdomäne einzubrechen. Das hatte noch keine andere Frau geschafft. Natürlich kochte die Gerüchteküche. Wo hat Paul diese Frau kennengelernt? Aha, in der Kur! Und sie kommt extra aus Frankfurt nach Karlsruhe? Da muss doch mehr dahinter stecken.

Bei einem Vereinstreffen, an dem auch die Ehefrauen und Freundinnen anwesend waren, wurde ich begutachtet. Das Eis brach jedoch sehr schnell und ich wurde liebevoll integriert. Ich nahm sogar einmal im Winter mit meinem Ehemann an der Skifreizeit des Vereins am Pitztalgletscher teil.

Für die Toskanatour war eine Woche anberaumt. Es galt jeden Tag 100 bis 150 Kilometer zu fahren. Dafür musste ich hart trainieren. Vorab waren wir mit dem Verein in Frankreich. Zwanzig Männer und einige wenige Frauen. Wir fuhren in Frankreich die Route de Crètes am Grand Ballon. Bei dieser Tour geschah jedoch ein Unglück. Ein Biker verstarb am Berg an einem Herzinfarkt. Die Stimmung war auf dem Nullpunkt und alle beschlossen aus Anstand, die Tour abzubrechen. Eine Erklärung gab es auch für den Todesfall. Der Biker hatte das ganze Jahr kaum trainiert, wollte aber unbedingt dabei sein. Da war es wieder, das liebe Ego. Dafür war er gestorben.

Ich jedenfalls schaffte die Berge, die wirklich knackig waren, und durfte mit in die Toskana. Nun war mein großes Ziel, auch so ein tolles Bike zu haben wie die Männer. Aber es war eine echte Investition.

5

Erotikmassage

So weit war es also gekommen: Dödeln für ein Mountainbike! Aber ich hatte schon immer einen eisernen Willen und ich musste eben Opfer bringen, um mein Ziel zu erreichen.

Nach einigen Tagen bei der Erotikmassage wurde ich sicherer im Auftreten. Freundlich, aber bestimmt und streng. Ich sah aus wie eine Lehrerin im Schwesternkittel, der bis zum letzten Knopf zugeknöpft war, trug schulterlange, leicht gelockte Haare und eine runde Nickelbrille auf der Nase.

Es kamen täglich viele Gäste und ich hatte alle Hände voll zu tun, im wahrsten Sinne des Wortes.

Mein lieber Rolf war ganz entzückt, dass ich weiter arbeitete. „Na, Wera. (Er wusste als einziger Gast meinen Vornamen) Geht doch! Ist doch gar nicht so schlimm, oder?"

Ich schämte mich jedes Mal in den Boden am Ende der Massagen bei der sogenannten Handentspannung. Doch irgendwann begann ich, sogar Spaß daran zu finden und experimentierte, was welchem Mann am besten gefiel oder wie ich den Männern zu einem längeren Genuss verhelfen konnte.

Intuitiv ließ ich die Kunden dabei auch in die Atmung gehen, langsam und tief in den Bauch und Stimme dazugeben, genau das, was man zu Hause oft unterdrückt. So kann die Energie besser fließen. Das war damals schon die

Einleitung zum tantrischen Orgasmus, ohne jemals vorher das Wort Tantra vernommen zu haben.

Ich hörte mir auch die Sorgen und Nöte der Männer an. Das war ich ohnehin von meiner Krankenhaustätigkeit in der Psychiatrie Offenbach Station 740 und meiner Arbeit mit depressiven Patienten gewohnt. So konnte ich eine adäquate Gesprächsführung üben, was meine Gäste sehr zu schätzen wussten und mir bald vertrauten. So eine nette und liebenswerte Erotikmasseurin hatten sie noch nie, bescheinigten mir viele. Die meisten Damen gingen nach dem Orgasmus des Gastes sofort raus. Fertig! Der Nächste bitte!

Ich peppte auch die unpersönlichen und kalten Praxisräume auf, brachte schöne Deko mit, legte andere Musik ein und zündete Kerzen an. Das alles hat jedoch die Atmosphäre nicht wesentlich zum Besseren verändert, da es in dem Raum taghell war. So konnte keine Stimmung aufkommen.

Ich stellte mir vor, selbst eine solche Massagepraxis zu haben. Ich wollte sie mit ganz viel Liebe einrichten und das Konzept ändern. Nicht der Orgasmus würde im Vordergrund stehen, sondern der Mensch, der in erster Linie abschalten und sich vom Alltagsstress erholen sollte. Es kamen so viele Männer, die ein wenig Wärme suchten, weil sie zu Hause weder Liebe noch körperliche Zuwendung erfuhren. Warum auch immer. Die meisten waren ausgebrannt, lechzten nach Berührung, Zärtlichkeit und Gesprächen.

Es war erschreckend festzustellen. Vor allem, weil es mir in meiner Ehe nicht anders erging. Und auch viele Frauen, die sich mir anvertrauten, erlebten das gleiche. Männer wie Frauen leiden, weil ein Teil in der Beziehung sich körperlich – und auch oft mental – vom Partner zurückgezogen hat. Der Leidensdruck wird immer stärker und wenn der Betroffene keinen Ausweg mehr sieht, kann es zu Depressionen führen oder sogar zu psychosomatischen Krankheiten.

Diesen Personenkreis sah ich jeden Tag im Krankenhaus. Ich fing an, die Patienten zu befragen, wie es um ihr Intimleben stünde, und ich erkannte, wie unvorstellbar hoch die Zahl der Menschen mit Zärtlichkeitsdefizit war.

Ich begann damit, mir vor dem Nachtdienst auf der Station bergeweise Bücher von Freud, Jung und anderen Sexualwissenschaftlern zu holen, die ich zwischen meiner Arbeit und den Rundgängen durch die Patientenzimmer las. Meine Kollegen machten sich schon Gedanken, was mit Schwester Wera los war. Aber ich ging nie darauf ein.

In der Massagepraxis stellte ich mich von da an nicht mehr als Erotikmasseurin vor, sondern erfand einen neuen Begriff: Wellfitmasseurin. Das klang niveauvoller.

Ich las Bücher von Wilhelm Reich und Alexander Lowen, die mich tief beeindruckten und das Thema Sexualität in den Mittelpunkt meines Lebens rückten.

Im Laufe der Zeit machte mir die Arbeit in der Hanauer Landstraße im 8. Stock richtig Spaß und ich merkte, dass die Massagen, die ich gab, mir selber gut taten. Auch wenn ich nur berührte, bekam ich viel Energie. Ich fühlte mich nie ausgelaugt, trotz der zwei Jobs, sondern konnte bei den Massagen alles geben, was in mir war: meine ganze Liebe, Achtsamkeit und Respekt für den Empfangenden. Ich arbeitete mittlerweile mit großer Hingabe und fühlte mich geerdet.

Natürlich kam es zu dem Punkt, an dem ich feststellte, dass mir der Sex fehlte. Mein Mann war permanent müde von seiner vielen Arbeit. Und ich lag mit meiner Lust und meinem Frust neben meinem schlafenden Mann.

Bei einem Arztbesuch vertraute ich mich meinem Gynäkologen an. „Ich sterbe bald", sagte ich, „wenn hier nix passiert. Ich will Sex mit meinem Mann, den ich liebe, aber er verweigert sich mir."

Mein Gynäkologe schaute mich ruhig an. „Sie haben ein Recht auf Liebe", sagte er dann. „Sonst verkümmern Sie und werden depressiv."

„Jaja", antwortete ich resigniert. „Weiß ich alles, lieber Doc, aber was soll ich tun?"

„Suchen Sie sich einen Geliebten!"

Hoppla! Was hatte er gerade gesagt? Hatte ich mich verhört oder meinte er das ernst? Ich war unsicher und versuchte, das Ganze ins Lächerliche zu ziehen: „Bekomme ich den auf Rezept?"

„Nein. Sie müssen sich einen suchen. Mehr kann ich Ihnen nicht raten. Machen Sie es!"

Na, wenn mir schon mein Arzt das Fremdgehen legitimiert, warum nicht? Okay. Nur: Woher bekomme ich auf die Schnelle einen Geliebten? Na klar! Über die Zeitung. Ich gab ein Inserat auf mit der Überschrift „Vernachlässigte Ehefrau sucht Zärtlichkeit." Es war ganz und gar unfassbar, wie viele Briefe ich auf Chiffre erhielt. Weit über 120.

Meinen Bruder weihte ich ein. Wir trafen uns zu einer Flasche Wein und lasen die Briefe. Hatten wir einen Spaß!

Wir sortierten die Briefe nach eventuellen Kandidaten. Die Dödelfotos sortierten wir gleich aus, nur Portraits mit niveauvollen Zeilen kamen in die engere Wahl. Davon waren nicht viele dabei.

Ich entschied mich für einen Studenten aus Offenbach. Ich traf mich mit Mike in einer Pizzeria zum Bewerbungsgespräch. Er bekam die Stelle. Was sich als wahrer Glücksgriff herausstellen sollte. Er war ein super lieber junger Mann, 22 Jahre alt. Ich war damals 33. Und er hatte das gleiche Problem. Seine zwanzigjährige Freundin hatte keine Lust auf Sex. Es war für sie eher eine Pflichtübung. Wie schrecklich. Aber er liebte sie nun einmal, genau wie ich meinen Mann.

Immer wenn ich Spätdienst hatte ab 13.30 Uhr, trafen wir uns vormittags, denn nach dem Frühdienst ging ich regelmäßig bis spät abends massieren. Für die Zeit, in der ich nicht massieren konnte, stellte Herr Kunz eine Neue ein, die ich anlernen durfte. Natürlich nach meiner persönlichen Arbeitsphilosophie.

Mike war ein lieber, superzärtlicher und vor allem gutgebauter und potenter junger Mann, wir haben uns sofort verstanden. Von seinem Zimmer aus konnte ich genau ins Schwesternzimmer schauen. Wie witzig. Er wohnte direkt gegenüber, eine Straßenbreite von meiner Station entfernt. Dadurch kam es zu skurrilen Situationen. Oft hatten wir Sex und dabei konnte ich meine Kollegen beobachten, wie sie schon die Patientenakten auf den Tisch legten, den Kaffee für die Übergabe kochten und nach und nach der Spätdienst eintraf. Nur Wera kam nicht. Jedenfalls oft mit Verspätung und fadenscheinigen Ausreden.

Einmal waren wir so wild, dass wir die Zeit vergaßen, ich zum ersten Mal mehrere Orgasmen erlebte und nur noch am Fliegen war.

In diesem Zustand des Schwebens betrat ich 15 Minuten später die Station und erntete böse Blicke. „Schon wieder zu spät, das reißt langsam ein!", rief mir ein Kollege entgegen.

Peter, ein ganz lieber Krankenpfleger, reichte mir die Kaffeetasse und nahm mein Zittern wahr, das noch so stark war, dass ich beinahe den Kaffee verschüttete. Er grinste nur und flüsterte mir zu: „Dir geht's super. Das ist schön."

Es war eine wundervolle Zeit, die aber ein Ende fand, als sich Mike von seiner Freundin trennte und sich neu verliebte. Ich wünsche ihm alles Gute und Liebe dieser Welt.

Während eines erneuten Termins beim Gynäkologen erzählte ich von meinem Lover und dass es eine tolle Zeit war. Kurz darauf erhielt ich die rote Karte von meinem Arzt. Ich möchte ihn bitte dringend aufsuchen. Oh je, die Ergebnisse einer Gewebeprobe vom Gebärmuttermund waren wohl eingetroffen. Ich fuhr hin und bekam seine Diagnose zu hören. „Gebärmutterhalskrebs PAP IV", sprach er und ich hing an seinen Lippen. Nein! Das war so niederschmetternd wie nichts zuvor in meinem Leben.

Ich fiel in ein tiefes Loch der Traurigkeit. Angst vor dem Tod kam auf.

Der OP-Termin stand kurze Zeit später an und es wurde eine Konisation durchgeführt, der Muttermundhals wurde großflächig entfernt. Zum Glück stellte sich meine Prognose als gut heraus. Bis heute ist nichts mehr passiert.

Ich sollte eine Woche in meinem Krankenhaus auf der Gynstation bleiben, aber genau in dieser Zeit fiel die Kollegin in der Massage aus. Kurz nach der Visite fuhr ich in die Hanauer Landstraße. Gewappnet mit starken Schmerzmitteln massierte ich und kein Gast hat auch nur im Ansatz gespürt, dass ich mich innerlich vor Schmerzen gekrümmt habe. Abends war ich pünktlich zum Abendessen auf der Station und lag im Bett. Natürlich wurde ich vermisst. Ich hätte meine Kollegen auf Station besucht, sagte ich.

Nichts konnte mich damals von meinem Ziel abhalten. Mein Bike rückte immer näher.

*

Ich schenke mir jetzt ein Glas guten italienischen Amarone Rotwein ein. Seit vier Stunden schreibe ich bereits. Insgesamt habe ich schon etwa 25 Stunden an diesem Buch geschrieben. Es ist Samstagabend, alle Freunde sind in Frankfurt unterwegs und ich sitze am PC.

Es macht mir so viel Spaß zu schreiben, dass es sich fast wie eine Sucht anfühlt, aber hoffentlich ohne Nebenwirkungen oder Spätfolgen.

6

Erotikmassagen mit meiner Freundin

Nachdem ich wieder genesen war, offenbarte ich mein Massagegeheimnis meiner besten Freundin Sara, die ich nach meinem Examen in der Augenstation für Kinder und Frauen 8-3 der Uniklinik kennengelernt hatte. Wir waren seit dieser Zeit unzertrennlich. Ich hatte Angst, dass sie mich abstempelt oder verachtet für das, was ich nebenbei arbeitete. Das Gegenteil war der Fall.

„Wo ist das?", fragte Sara. „Haben die noch eine Stelle frei?" Ujujui, so locker hätte ich sie nicht eingeschätzt, da sie aus einem ebenso konservativen Elternhaus stammte wie ich.

*

Die konservative und superstrenge Erziehung war bei mir allerdings nur in der Kindheit sehr ausgeprägt. Als ich auszog und sozusagen in die Freiheit entlassen wurde, um Kinderkrankenschwester zu lernen, war ich ein schüchternes Mauerblümchen und ziemlich verklemmt durch meine extrem offene Mutter. Während der Ausbildung im Schwesternheim erlebte ich die große Freiheit schlechthin. Nur Party! Alter Schwede, war das eine tolle Zeit. Alles machen zu können, was sonst verboten war. Kneipen und Feten mit Wildfremden bis früh in den Morgen. Kurz geduscht und ab in den Frühdienst um 6 Uhr, ohne Schlaf bis um 14 Uhr Dienst geschoben, den Nachmittag verschlafen und abends wieder die Nacht zum Tag werden lassen. Drei Jahre lang.

Nebenbei auch für Prüfungen gelernt, aber eher halbherzig. Die anderen Klassenkameraden fingen ein halbes Jahr vor dem Examen an zu lernen, ich fuhr sogar ein Wochenende vor dem Examen mit einem Freund nach Paris für ein Wochenende. In der Zeit hatte ich mit Tim, meinem späteren Ehemann zwischenzeitlich für ein halbes Jahr Schluss gemacht, da ich diesen tollen Masseur kennengelernt hatte und von seiner Arbeit profitierte. Er zeigte mir sehr viele Griffe und Praktiken aus der Physiotherapie.

Erst eine Woche vor dem Examen lernte ich Tag und Nacht, ich bin hauptsächlich ein Nachtlerner. So fiel dann auch mein Examen aus. Das war mir aber sowas von egal, ich wollte das Leben umarmen und Spaß haben.

*

Ich stellte Sara meinem Chef Herrn Kunz vor. Er beäugte sie und ich wurde skeptisch. Sara wirkte wie eine brave Hausfrau. Aber so hatte ich damals auch ausgesehen, als ich in der Massage anfing. Und genau das machte den Reiz für viele Gäste aus. Sie wollten eine unschuldige Hausfrau, die das erste Mal massiert.

Herr Kunz stimmte schließlich zu. Anfangs überließ ich Sara die ganz lieben und vertrauten Gäste. Zum Einarbeiten. Dann übernahm sie auch die ersten festen Termine oder vertrat mich, wenn ich mal nicht da war.

Wenn wir zusammen an einem Tag arbeiteten, hatten wir immer viel Spaß. Einmal kam mir die Idee einer Synchron-Massage, die Sara und ich gemeinsam ausführten. Solche Masseurinnen, die auch noch eine gute Portion Humor mitbrachten, hatten die meisten Gäste noch nie gehabt. Sie waren so von uns begeistert, dass wir sehr viel lachten und gemeinsam Spaß hatten. Ich finde Lachen super wichtig, da es in unserer kalten Welt einfach kaum noch etwas zu lachen gibt. Natürlich achtete ich beim Massieren auch immer darauf, die nötige Zeit, Stille und Muße zu haben, um mich voll auf die Massage konzentrieren zu können. So gingen unsere Gäste doppelt entspannt aus der Massage.

Mein erster Gast Rolf kam übrigens jede Woche zu mir und bekniete mich inständig, die oberen Knöpfe meines Schwesternkittels zu öffnen, um nur mal einen Blick auf meine Brüste zu erhaschen.

Aber so etwas wollte ich gar nicht erst anfangen. Wo sollte das enden?

Eines Tages jedoch hatte Rolf den Obolus so hoch geschraubt, dass ich nicht nein sagen konnte. Und wieder ging es los. Ich schämte mich, als er meine Brüste im halbgeöffneten Schwesternkittel begutachtete.

„Mein Gott", schwärmte er. „Hast du wunderschöne Brüste. Wie aus Alabaster geschnitzt. Wie bei einer 20-jährigen. Wahnsinn. Die musst du doch nicht verstecken, mach dich locker!"

Meine Freundin Sara war schon weiter als ich. Sie ließ sogar Berührungen der Brust zu und genoss die

Streicheleinheiten. So sind die Männer. Sie wollen nicht nur die Torte ansehen, nein, sie wollen daran naschen.

Meine Gäste waren in der Regel niveauvoll und hatten immer sehr viel Ehrfurcht und Respekt vor mir. Daher wollte ich auch meinen anderen Gästen den schönen Anblick nicht vorenthalten. Ich öffnete lasziv meinen Kittel bis kurz über dem Bauchnabel – meine Aufregung brauche ich jetzt nicht extra erwähnen – bis meine kleine Brust aus dem geöffneten Kittel blinzelte. Doch weiter nie.

Die Gäste waren sichtlich erstaunt, dass ich mich so zeigte, die kleine verklemmte Wera, und bekamen reihenweise glänzende Augen und teilweise Schnappatmung. Meine Brüste schauten den Gast in ihrer vollen Schönheit an, da ich keinen BH trage und das schon seit meinem 18. Lebensjahr nicht mehr. Davor trug ich nur einen, um diesen mit Watteabschminkbällchen auszufüllen, da ich nicht viel Volumen vorzuweisen hatte.

So viele Komplimente für meinen entblößten Teilkörper hatte ich bis dahin noch nie geerntet. Mein Selbstbewusstsein stieg und ich fühlte mich wie eine Göttin. Ich konnte jetzt meinen Körper langsam genießen, schaute meine Brust oft im Spiegel an, begutachtete sie und pflegte sie liebevoll mit Cremes. Ich fühlte meine weibliche Energie, die Scham wich der langsam aufsteigenden Erotik, die ich zu diesem Zeitpunkt erstmals während der Massagen selbst genießen konnte. Ich ließ die Blicke und Komplimente zu, ohne Scham und Anspannung, und es beflügelte mich sogar.

Ich war wirklich eins mit meinen Gästen und glaubte plötzlich, es könne meine Passion werden. Das ging soweit, dass ich sogar den Fokus auf mein Ziel, das teure Mountainbike, verlor.

Jeder Tag in der Massagepraxis war ein Abenteuer, da man sich ständig auf neue Männer einstellen musste. Von vielen Gästen kannte ich inzwischen die Lebensgeschichte und ihre Probleme, die natürlich unter die Schweigepflicht fallen.

Doch eines Tages passierte es. Meine Horrorvision wurde Realität.

Ein Gast kam zu Sara in den Empfangsraum und wollte zu Angi. Ein Freund hätte ihm diese Dame empfohlen. Meine Freundin führte ihn in mein Massagezimmer und wollte mich vorstellen.

Wir sahen uns an und hielten geschockt und mit aufgerissenen Augen inne, ohne uns die Hand zu geben. Diese Geste fror auf halbem Wege ein. Es muss ein witziges Bild abgegeben haben.

Der Mann war ein Mitarbeiter meines Mannes, den ich vom Feierabendbier der Firma, einem Familienbetrieb, kannte.

„Ach, herrje!", stammelte ich.

„Wera, du hier? Ich ... äh?"

„Ja, so klein ist die Welt. Aber wenn du schon mal hier bist, du wolltest doch sicher keine Ersatzteile für dein Auto kaufen, oder? Wer im Glashaus sitzt, wird nicht mit Steinchen werfen. So sollten wir es halten und unser kleines Geheimnis bewahren."

Es kostete schon Einiges an Überwindung, so cool zu bleiben. Ich fühlte mich befangen, doch ich schaffte es irgendwie. Am Ende der Massage, als er am Ankleiden war, lachten wir uns kaputt. Die Frau vom Chef verpasst dem Angestellten eine erotische Massage.

Ich bin durch, dachte ich, schlimmer konnte es hier nicht kommen. Doch es sollten noch einige Steigerungen folgen. Fangen wir mit den harmloseren Begebenheiten an. Einige Politiker, und keine unbedeutenden, lagen bei mir auf der Liege und in meinen Händen. Alles auf Empfehlung, versteht sich. Manche erkannte ich allerdings erst einige Tage später wieder, in den Nachrichten. Ich versuchte, die Contenance zu wahren, da mein Mann neben mir vor dem Fernseher saß.

In der Zwischenzeit hatte Herr Kunz wieder eine Telefonistin eingestellt für den 8. Stock und in den Pausen, wenn kein Termin anstand, fuhr ich in den 10. Stock hoch. Dort war auch die Anzeigenannahme für die Rubrik ‚Erotik‘ einer großen Tageszeitung untergebracht. Ich setzte mich zu den Damen und erfuhr alles aus der Erotikwelt, was mir vorher verschlossen war oder mich im Grunde nie interessiert hatte. Von Huren bis zu Frauen, die Telefonerotik anboten. Alle gaben dort ihre Anzeigen auf. Diese Damen kamen auch manchmal persönlich vorbei. Ich war neugierig und wollte unbedingt eine solche Frau aus der Nähe sehen. Die Möglichkeit dazu ergab sich bald. Ich saß an einem Schreibtisch, natürlich im Privatlook, als gehörte ich zu den Sekretärinnen. Es kam eine sehr gepflegte, große und schlanke Frau in das Büro. Sie war der deutschen Sprache mächtig, artikulierte sich sehr hochgestochen und schien aus intellektuellen Kreisen zu stammen. Sie verwendete dabei, wahrscheinlich unbewusst, die Ausdrucksformen eines Rechtsanwaltes. Das hörte ich sofort, da mein Mann ja Jurist war und ich sein gesamtes Studium miterlebte und ihn unterstützte.

Ich erfuhr, dass die Lady Escortservice der exklusiven Art auf höchstem Niveau anbot. Sie wirkte distinguiert, doch das Eis brach, als ich mit der anderen Sekretärin herum blödelte, sie mitlachen musste und selbst Späße machte. Später erfuhr ich, dass sie Rechtsanwältin war und ihre kleine Kanzlei noch nicht so lief, aber durch den Nebenjob ihr Leben sehr gut bestreiten konnte.

Ich begegnete dort auch weniger niveauvollen Huren. Ich sah die ganze Palette des Gewerbes. Es war mega spannend. Auch die Lebensgeschichten der Frauen faszinierten mich.

Weil ich oft im 10. Stock war, sah ich die Frauen immer öfter. Sie fragten mich, warum ich einen Schwesternkittel trage. Ich erzählte, dass ich Wellfitmasseurin im 8.Stock sei.

Es entwickelte sich ein Vertrauensverhältnis zu einigen Frauen, die mir ihr Leben erzählten und wie sie zu dieser Arbeit gekommen waren. Alle hatten nur ein Ziel: schnellverdientes Geld. Denn im Hintergrund häuften sich Schulden oder sie waren alleinerziehende Mütter. Bis auf eine arbeiteten alle aus der Not heraus. Diese eine Frau erzählte mir, sie sei Nymphomanin und bräuchte täglich mindestens vier Mal Sex. So konnte sie das Nützliche mit dem Schönen verbinden. Im wirklichen Leben arbeitete sie bei der Agentur für Arbeit der Stadt Frankfurt.

Eine der Frauen erzählte mir, was sie im Monat verdient und fragte mich allen Ernstes, ob ich bei ihr anfangen wollte. Sie konnte sich locker drei Mountainbikes im Monat kaufen. Aber ich wäre nie bereit, diesen Job zu machen.

Lieber esse ich trocken Brot und laufe die Berge in der Toskana zu Fuß hoch.

In den Gesprächen eröffnete sich eine ganz neue Welt für mich. Mit den Damen hatte ich immer viel Spaß, bis der Chef auftauchte. Dann verschwand ich schnell in den 8. Stock.

Mit der Zeit hatte Herr Kunz aber nichts mehr dagegen, dass ich oft im 10. Stock zum Kaffee vorbei kam, da es die allgemeine Stimmung verbesserte. Ich sag's doch immer wieder: Lachen ist gesund.

*

So, jetzt ist es soweit. Ich glaube, ich bin ernsthaft krank geworden. Es ist Sonntag, 6.30 Uhr, und ich sitze am PC, um an diesem Buch weiterzuschreiben.

Sonntags schlafe ich normalerweise immer bis 9 Uhr, bin spätestens um 10 Uhr in meiner Lieblingssauna und um 10.15 Uhr liege ich in meinem Whirlpool.

Sollte ich den Notarzt anrufen oder eine Suchtgruppe für Buchautoren aufsuchen und mich gleich für eine Langzeittherapie anmelden?

Ich schenke mir den 3. Kaffee ein und weiter geht's, juhu!

*

Während meiner Zeit bei der Erotikmassage hat mein Mann von all den Eskapaden nie etwas mitbekommen. Wie auch, er kam ja immer spät nach Hause und war todmüde.

Wir lebten leider wie Geschwister zusammen, aber an eine Scheidung hatte ich bis dahin nicht gedacht. Ich bin eine treue Seele und halte an meiner Liebe fest. Aber ich machte mir Gedanken. Wie wird es wohl in zehn oder zwanzig Jahren aussehen? Dann leben wir wie Greise zusammen. Ich spürte, dass mein Drang zu leben, zu lieben und ganz viel Sex zu haben, stetig zunahm. Ich sehnte mich schmachtvoll nach Nähe, Streicheleinheiten und vor allem gutem Sex. Durch die Massagen und das Biken konnte ich das zwar einigermaßen kompensieren, aber es war nie ausreichend.

Im Urlaub, wenn ich ohne Mann wegflog, war es besonders schlimm, so dass ich überhaupt nicht abschalten konnte. Ich fühlte mich wie auf Entzug und hätte am liebsten am Strand wildfremde Menschen massiert. Umsonst sogar. Massagen waren zu meiner Droge geworden.

Die Vorstellung, mit Tim so weiter zu leben, erschreckte mich sehr. Wollte ich das ein Leben lang? Was war das für eine Perspektive? Ich konnte mir hingegen vorstellen, die Massagen noch eine lange Zeit lang weiter zu betreiben, da sie mich inzwischen in meine Mitte führten und ich mich dabei echt glücklich fühlte.

Soweit war es also gekommen. Die Massagen bestimmten den größten Teil meines Lebens und endlich kaufte ich mir ein Garry Fisher Bike. Es stand sogar in unserem Schlafzimmer, so konnte ich es jede Nacht beim Einschlafen ansehen.

Wie ich das meinem Mann erklärte, weiß ich heute nicht mehr, aber solange wir zusammen waren, hatte ich ja ständig irgendwelche Nebenjobs. Servicekraft im Pueblo in

Niederrad, einem Top-Restaurant und Squashcenter. Messehostess am Stand einer großen Automarke während der IAA oder Messekartenkontrolleurin bei der Buchmesse. Auch in der Partnervermittlung ,Glücksstern' auf der Zeil jobbte ich zeitweise Das war eine heiße Zeit. Ich war gerade nach einem Jahr Sterbebegleitung einer großen Schmerzklinik in Frankfurt ins Bürgerhospital auf die Neugeborenenstation gewechselt, da die vorherige Arbeit mich psychisch zu sehr mitgenommen hatte.

Hier begegnete ich wieder dem Anfang vom Leben. Aber schon nach wenigen Monaten empfand ich die tödliche Routine des Tages auf der Station als bedrückend. Es war zum Verrücktwerden, wie in einer Fabrik am Fließband. So stelle ich es mir jedenfalls vor. In der Zeitung wurde eine Telefonistin mit flexiblen Arbeitszeiten gesucht. Ich rief an und bekam einen Vorstellungstermin und auch die Stelle bei einer Partnervermittlung auf der Zeil sofort. ,Glücksstern' lag in der Nähe des Gerichts. Ich war für die Kaltaquise zuständig und musste Termine für die Außendienstler machen.

Eines Tages rief mich der Chef zu sich und fragte, ob ich auch in den Außendienst wolle: Es wäre zu schade, mein Talent am Telefon zu vergeuden. Ich hätte echtes Potenzial. Er schickte mich auf eine Schulung und los ging's in die weite Welt der Einsamen und Suchenden.

Mit einem Ordner voll netten Bildern von Frauen, die in beste Position gesetzt waren, und einer Kurzbeschreibung fuhr ich zu meinem ersten Kunden nach Mainz. Zurück kam ich mit einem sehr lukrativen Auftrag. Auch alle weiteren Termine kamen zum Abschluss.

Der Chef beschloss daraufhin, dem Talent noch bessere Aufgaben zu stellen. Ich sollte Agenturen, also eine Art Franchise-Unternehmen, verkaufen, die natürlich in einem ganz anderen Preisniveau lagen.

Und auch hier überraschte ich den Chef mit einem fetten Auftrag. Ich kündigte kurzerhand bei der Obernonne meine Krankenhausstelle und arbeitete noch einige Monate für ‚Glücksstern‘.

Da ich meinem Mann Einzelheiten der Firma erzählte, bat er mich, dort sofort aufzuhören, weil er Unregelmäßigkeiten vermutete und es zu einer strafrechtlichen Verfolgung kommen konnte.

Mit einer Träne im Auge kündigte ich. Und tatsächlich bekam ich im Oktober des Jahres ein Schreiben zur Zeugenvernahme im Fall ‚Glücksstern‘. Der Chef war also zwielichtig und saß, so habe ich es später erfahren, an Weihnachten in U-Haft.

Als Mitwisserin bekam ich nur eine kleine Strafe, die ich in einer gemeinnützigen Einrichtung abarbeiten konnte. Ich arbeitete in einer Anlage für psychisch Kranke in Niederrad unter dem Chefarzt Dr. Diethelm meine Strafe ab. Dort wollten sie mich am liebsten gleich als Krankenschwester behalten.

Aber Wera hatte wieder Flausen im Kopf und kaufte sich abermals die Rundschau und studierte die Stellenanzeigen. Jemand suchte eine Telefonistin. Perfekt, das sollte kein Problem für mich sein.

*

So kam ich zu einem Nebenjob in einer Immobilienfirma. Ebenso zunächst in der Telefonakquise. Ich machte Termine aus,

die zu 100 % standen. Die Makler waren von meiner Arbeit begeistert und ich durfte mit zu einer Wohnungsbesichtigung. Eine neue Welt tat sich für mich auf. Unglaublich, wie schnell man zu diesen Alleinaufträgen kam. Und bei einem Abschluss stand für den Makler eine leckere Provision an.

Ich dachte mir, was die können, kann ich schon lange. Also kopierte ich mir die AGBs, die Makleralleinaufträge, die Exposés der Wohnungen, meldete ein Gewerbe an und legte los.

„Wera fidelio cooperation Immobilien" war geboren, mein neues Baby. „Guten Tag. Was kann ich für Sie tun?", meldete ich mich auf meinem ersten überdimensional großen Handy, das ich auch auf Station (ich war wieder in einer Festeinstellung, aber nur für die Rente und die Krankenkasse, Nachtschwester vier Nächte in der Woche in einem Seniorenheim) mit mir herum trug, damit ich keinen Anruf verpasste.

Die listige, lustige Wera schaltete also in der Frankfurter Rundschau Fakeanzeigen von tollen Immobilien, die nicht existent waren, nahm die Kunden in ihre Kartei auf und entschuldigte sich. Leider sei die Immobile soeben vergeben worden, aber gerne suche ich eine vergleichbar schöne Wohnung für sie. Die Aussichten seien hervorragend, ich melde mich in 2 Tagen wieder.

Nun fing die akribische Suche im Anzeigengewimmel der Rundschau an. Ich rief die Eigentümer an und stellte mich vor, um einen Termin zu bekommen, den Alleinauftrag unterschreiben zu lassen, die Interessenten anzurufen und mit ihnen die Wohnung zu besichtigen. Meine erste Immobilie hatte ich ratz-fatz vermittelt. Die Wohnungssuchenden waren angetan von mir.

So ging es eine ganze Weile. Ich suchte auch Kontakte zu anderen Maklern, mit denen ich ein Gemeinschaftsgeschäft abschloss: Er hatte die Immobilie, ich die Kunden.

Irgendwann lohnten sich die hohen Kosten der Anzeigen nicht mehr, da die Immobilienkrise über uns hereingebrochen war. Also meldete ich das Gewerbe wieder ab. Damals erkannte ich meine Talente im Verkauf, in der Telefonkaltakquise und in Kundengesprächen. Ein Handwerk, was mich auch später noch weiterbringen sollte.

*

Und als ob das alles nicht schon genug wäre, übernahm ich gelegentlich auch noch Zusatznachtdienste in anderen Krankenhäusern. Für eine Nacht auf der Intensivstation gab es 100 Mark. Anschließend flitzte ich zum Hauptjob in den Frühdienst der Psychiatrie in den Städtischen Kliniken Offenbach. Ich war jung und brauchte das Geld. Für Autos und Urlaub, eben den ganz normalen Luxus, den ich mit einem Schwesterngehalt schwerlich erreicht hätte.

*

Toskana. Es war April und ich war 34 Jahre alt. Die Tour startete mit etwa 15 Männern und einer Frau, die Wera.

Morgens um 7 Uhr standen wir auf, frühstückten und los ging's. Die ersten 50 Kilometer waren zum Aufwärmen. Dann ging es knackig in die Berge. Wir fuhren in das Gebiet von San Gimignano und nach Voltera hoch.

Paul war stolz auf mich, insbesondere, da ich mich zur Bergziege entwickelte. Das soll nicht heißen, dass ich zickig war, sondern Talent und Ausdauer für Steigungen habe.

Ich stieg nicht ab, niemals! Absteigen war der Tod, das sagte ich mir ständig, wenn ich fast zum Stehen kam, aber mein Letztes gab, das Ziel zu erreichen.

Auf der Anhöhe angekommen, gab es oft Pinkelpausen und die Trinkflasche wurde ausgesaugt.

Gegen Mittag kehrten wir in urige, toskanische und familiengeführte Restaurants ein und aßen leckere Pasta. Kohlenhydrate sind super wichtig, sonst kackt man ab, so der Bikerjargon. Für Zwischendurch gab's auf der Tour Banänchen oder irgendwelche ekligen Riegel. Ab und zu fuhr Paul an meine Seite und fütterte mich mit Bananen, da ich immer so wenig zu mir nahm und er genau wusste, wann ich etwas brauchte. Ich genoss es.

Leider drückte mein Sattel so stark, dass ich fürchtete, wenn es so weiterginge, fahre ich mein Schneckchen wund. Ich verstand das nicht. Solche Probleme hatte ich sonst nie. Mein Bike war vorher noch im Laden kontrolliert und die Schrauben nachgezogen worden. Am dritten Tag mussten wir eine Bikepause einlegen, darüber waren die Männer nicht ganz unglücklich, da Wera voll und ganz wundgefahren war. Mein Schneckchen hing in Fetzen und schmerzte schrecklich.

Der Grund war ganz banal, aber brutal. Der Mann im Bikeladen hatte eine zu große Sattelschraube benutzt. Sie drückte sich sogar sichtbar nach oben durch. „Ach, du liebe Sch...“, riefen die Männer. Die arme Wera hat nicht geflunkert, um einen Pausentag zu bekommen.

Wir fuhren nach Pisa zum schiefen Turm und besichtigten die Stadt. Als erstes suchte ich eine Apotheke auf und musste dem weder Englisch noch Deutsch sprechenden Apotheker erklären, dass ich Penatensalbe brauchte. Ich bekam ein ähnliches Produkt, aber es half nix. Die restlichen Tage musste ich wohl oder übel durchstehen.

Ich schaffte es. Ja, denn ich bin eine Kämpferin. Auch, wenn's weh tut. Diese Radtour war eine immense körperliche Herausforderung und ein echtes Erlebnis.

*

Wieder zu Hause ging's in den Frühdienst und anschließend in die Massage. Während der Massagen träumte ich immer öfter, wie ich meine eigene Praxis gestalten würde und arbeitete ein Konzept aus.

Ich erzählte einem Gast von meinen Plänen. Er war Bauleiter einer großen Firma und besaß gute Kontakte zu Trockenbauern, Heizungsinstallateuren und Architekten. Genau die wollte ich später nutzen.

Irgendwann bemerkte ich, dass es Herrn Kunz zunehmend schlechter ging. Er erzählte mir, dass er Diabetiker sei.

Ich schimpfte mit ihm. „Und dann essen sie diese für sie giftigen Kuchenstückchen und das ganze süße Zeug.“ Ich zeigte ihm die Spätfolgen von Diabetes auf, aber es schreckte ihn nicht ab. „Ich will leben und mich nicht einschränken", erklärte er mir.

Eines Tages stellte er mir seinen Sohn vor, der um die zwanzig Jahre alt war. Er trug lange Haare, war sehr hager und wirkte schüchtern. In Zukunft sollte er die Firma übernehmen.

Aber zunächst passierte etwas ganz anderes. Ein älterer Gast, etwa 58 Jahre alt, kam in die Praxis. Er wollte zu Angi, denn er habe diese Dame empfohlen bekommen.

Ich schaute um die Ecke, denn ich hatte seine umwerfende sonore Stimme gehört und war hin und weg. Wir waren beide so begeistert voneinander, dass es in der folgenden Behandlung nur so Funken schlug und schließlich verliebten wir uns ineinander. Eine sehnsuchtserfüllte Zeit begann.

Wir trafen uns zum Essen. Er hatte als Dienstreisender immer ein Hotelzimmer gebucht, obgleich er in der Wetterau wohnte, nur etwa 30 km von Frankfurt entfernt. Ich nannte diese Begegnung unsere Endorphinaustauschbeziehung.

Es lief eine ganze Weile so, bis wir beschlossen, eine kleine Wohnung anzumieten, im Reuterweg im Frankfurter Westend, in der wir uns zu Liebesspielen trafen. Dank der Erfindung der Handys konnten wir uns dort ganz spontan und unkompliziert treffen. Blind vor Liebe beendete ich auch meinen heiligen Massagejob im 8. Stock.

Aber auch diese Zeit fand ein Ende. Er wurde sehr, sehr krank. Und da ich meine Massagetätigkeit enorm vermisste, verstärkte sich mein Wunsch, die Vorstellung einer eigenen

Praxis in die Realität umzusetzen. Also konzentrierte ich mich in der Folgezeit darauf.

7

Eine Talkshow inspiriert mich und verändert mein Leben

Eines Abends sah ich eine Talkshow mit einer rothaarigen Person, die von Tantra und der Erfüllung für Körper, Geist und Seele sprach. Ein superspannendes Gespräch. Sie zog mich sofort in ihren Bann. Ich war wie elektrisiert, konnte aber nicht erkennen, ob es ein Mann oder eine Frau war. Der Stimme nach tendierte ich zu einem Mann. Am selben Abend erzählte ich meinem Mann davon. Sein Kommentar: „Blödsinn aus Indien. Du spielst doch nicht etwa mit dem Gedanken, so etwas zu machen? Lass' die Finger davon!"

Natürlich konnte ich die Finger nicht davon lassen und rief am nächsten Tag die Auskunft an, leider gab es noch kein Google. Ich wusste nur, dass die Person ‚Advaita' oder so ähnlich hieß und aus Wiesbaden kam.

Und tatsächlich: Sie hieß Advaita und ich rief sie gleich an.

„Hallo", sagte ich euphorisch. „Mein Name ist Wera. Ich habe Sie gestern in der Talkshow gesehen. Sie sind doch der Mann mit den roten Haaren?"

„Das war ich. Aber ich bin eine Frau."

„Oh, entschuldigen Sie. Ich konnte Sie nicht ganz einordnen." Dann kam ich sofort auf Ihren Auftritt in der Talkshow zu sprechen, erzählte von mir und meinem Weg und dass ich unbedingt ein Tantra-Seminar bei ihr machen wollte. Mein Mann dürfe aber nichts davon wissen. Sie möchte bitte einen neutralen Umschlag für die Anmeldung verwenden.

Zack. Wenig später hatte ich mich angemeldet und meine Freundin Sara gab mir ein Alibi für das Seminar-Wochenende.

Einige Tage zuvor hatte ich sehr aufgeregt das Seminarprogramm gelesen. In die eigene Lust kommen, stand da. Die weibliche Energie wecken. Offen über die eigene Sexualität sprechen. Alte Zwänge und Konditionierungen fallen lassen.

Oh je! Ich fürchtete, immer noch total verklemmt zu sein, und hatte Angst. War ich wirklich schon so weit, um mich darauf einzulassen? Alles war so neu für mich, ein Abenteuer. Ich wusste nicht, was mich erwartete und worauf ich mich eingelassen hatte. Hoffentlich muss ich mich nicht ganz nackt machen vor den Teilnehmern, dachte ich. Aber wenn nicht jetzt, wann dann? Los, Wera, trau' dich! Du hast, für deine Verhältnisse, so viel erreicht. Du musst weiter machen. Wer A sagt, muss auch B sagen. Du hast dich angemeldet, jetzt gilt's. Keine Ausreden!

Ich weiß leider nicht mehr, wo das Seminar stattfand, aber an einzelne Sequenzen erinnere ich mich. Es waren ungefähr 30 Teilnehmer. Männer wie Frauen. Die meisten davon zum ersten Mal dabei. Wie ich.

Ich teilte das Zimmer mit Lara, einer Frau um die 57. Ich spürte ihre Unsicherheit. Sie beichtete mir, dass sie höchstens einen Tag bleiben würde und abends ganz schnell abreisen wollte. Ich stand also mit meiner Angst nicht alleine da, toll. Waren wir also schon zu zweit. Und wie sah es wohl bei den anderen aus?

Es ging los. Wir saßen in einem sehr schön eingerichteten großen Raum. Kerzen brannten. Wir nahmen den warmen Geruch der Räucherstäbchen wahr und hörten meditative Musik. Advaita sprach in ruhigen gleichmäßigen Worten darüber, was Tantra ausmache und was das Ziel sei. Währenddessen lag eine besondere Energie in der Luft. Die Anspannung vor dem Neuen, die ich bei den Teilnehmern spüren konnte.

Dann wurde eine sehr energetische Musik gespielt, zu der jeder zunächst in seinem Rhythmus tanzte. Später forderte uns Advaita auf, jemanden anzutanzen, mit dem er oder sie eine Zweier-Erfahrung machen möchte.

Ohohoh. Eine Zweier-Erfahrung. Mein Gott. Mir schossen lauter wilde Fantasien durch den Kopf, aber es sollte ganz harmlos anfangen. Einige tanzten unbeholfen herum, andere sehr wild. Eine Frau bewegte sich selbstvergessen und sehr erotisch, zog ihr Hemd aus und schien mit freiem Oberkörper und wunderschönen Brüsten durch den Raum zu schweben. Sie war eins mit sich und lächelte mit geschlossenen Augen in sich hinein.

Herrje, dachte ich, die ist mutig! Sowas vor all diesen fremden Leuten. Ich nahm mir vor, irgendwann in ferner Zukunft auch so zu werden. Mich zu überwinden, alles um mich herum auszublenden und das auch zu können. Es sollte ein langwieriger Prozess für mich werden.

Im Seminar war zunächst Tanzen angesagt. Ich tanzte leicht gehemmt durch den Raum, bis mir jemand ein Lächeln schenkte und mich umtanzte. Er hatte tatsächlich mich für die kommende Übung ausgesucht. Es war ein Mann, weiß Gott keine Schönheit, das hat im Tantrischen auch keine Bedeutung, denn jeder hat einen göttlichen Körper, ist ein Shiva oder eine Shakti.

Er umarmte mich sanft und wir atmeten gemeinsam in unsere Energien, bis sie symbiotisch wurden. Ein wohliges, warmes Gefühl durchströmte mich. Alle, die einen Partner oder eine Partnerin gefunden hatten, setzten sich nieder.

Unter den Anleitungen von Advaita legte sich einer von beiden hin und sollte nur fühlen. Der andere durfte ihn mit Federn, Fellen, Fächern und anderen Utensilien verwöhnen und später intuitiv mit den Händen massieren. Wer mochte, konnte sich dabei nackt ausziehen. Ich nicht! Nein, never ever!

Na gut, aber nur bis auf die Unterhose, die bleibt definitiv an! Also zog ich mein Lungi und mein T-Shirt aus.

Am Anfang fühlte ich noch Anspannung in mir, nur ganz langsam konnte ich loslassen, irgendwann sogar genießen. Das, nach dem ich mich eigentlich verzehre. Wobei das in einem solchen Seminar natürlich doppelt schwer fällt.

Mit der Zeit gelang es mir besser, mich und meine Umgebung zu vergessen. Ich genoss mehr und mehr seine zärtlichen, achtsamen Berührungen. Der Raum lag inzwischen im Dämmerlicht. Man sah hauptsächlich die flackernden Kerzen und die Schatten der anderen. Eine sehr intime Stimmung, die mich langsam zum Schweben brachte. Ich ließ es nicht zu, dass er meine Yoni berühren durfte. Da gab es für mich eine Grenze.

Nach einer Stunde wundervollsten Körpergenusses tauschten die Partner. Ich bettelte um Verlängerung, aber nun war mein Partner dran. Ich gab alles. Rasch zog ich vorher noch schnell mein Lungi und mein T-Shirt wieder an.

Mein Partner grunzte und schnaufte vor Lust, ließ sich richtig fallen und genoss meine hingebungsvolle Massage. Als er sich umdrehte, hatte sein Penis, im Tantrischen der Lingam, eine schöne Größe erreicht und freute sich sichtlich über meine Berührungen. So sehr, dass er sich bald übergeben musste. Nein, war nur ein Scherz! Er hatte seinen Samadhie, seinen Orgasmus, erfahren. Mein Partner lag da und zitterte am ganzen Körper. Oh, nein. Er konnte sich kaum beruhigen. Was war passiert? So etwas hatte ich noch nie erlebt. Ich gab den Assistenten ein Zeichen, schnell den Notarzt zu rufen, aber sie blieben ganz gelassen. Es dauerte gefühlte Stunden, bis er wieder zu sich kam.

Im Nachhinein erfuhr ich, dass dieser Zustand der absoluten Ekstase ‚big draw' genannt wurde. Aha, sehr interessant. Kaum dass ich Hand anlege, brachten sie das Höchste hervor, was man im tantrischen Orgasmus erleben konnte.

Wir bekamen danach noch viel Zeit zum Nachspüren, lagen ganz nahe und eng umschlungen beieinander und flüsterten uns liebe Komplimente ins Ohr. Dann gab es eine Teepause und alle liefen etwas apathisch durch den Raum. Ich ebenso. Welch eine schöne Körpererfahrung. Endlich erhielt ich auch mal Zärtlichkeit. Ich, die Gebende, die immer ausgehungert war.

Nach der Pause tanzten wir wieder und suchten einen neuen Partner für die nächste anstehende Übung. Wir sollten uns gegenüber setzen und uns unsere geheimsten Fantasien erzählen.

No way! Das mache ich nicht. Ich kenne hier niemanden, das waren alles Fremde.

Nun gut. Ich wollte mich nicht verweigern, also überwand ich mich. Ich ließ meinen Auserwählten zuerst erzählen. Er begann sofort zu weinen, da er mir seine sehnlichsten Wünsche, einfach nur zu lieben und einen passenden Menschen zu finden, anvertraute. Ich nahm ihn in den Arm und hörte zu. Klang nicht außergewöhnlich. Er war ausgebrannt, lebte ohne Liebe, wie so viele, die hier waren oder eine neue Bereicherung suchten.

Anschließend war ich dran. Oh je. Ich nahm all meinen Mut zusammen, die Stimmung im Raum vibrierte, viele weinten. Die Emotionen überwältigten sie. Welch eine Erfahrung, so schön und heftig zugleich.

Nach dem Abendessen saßen wir zusammen und sangen Mantren. Das Wort setzt sich aus zwei Sanskrit-Wörtern zusammen: ‚Mananat‘ und ‚Trayate‘. ‚Mananat bedeutet unablässiges Erinnern, etwas ohne Unterbrechung zu wiederholen und im Kopf zu haben. ‚Trayate‘ bedeutet schützen oder guttun. Ein Mantra ist also ein Wort, ein Satz oder Klang, den man immer wieder wiederholt, der dich retten wird und dir guttut.

Der Raum schien sich vor Energie zu bewegen, die Stimmung erreichte ihren Höhepunkt. Wir tanzten und umarmten jeden Teilnehmer innig und liebevoll. Ich fühlte mich dabei so aufgeladen mit Liebe, reiner Liebe.

Mit dieser Energie ging ich in mein Zimmer. Da stand Lara mit gepacktem Koffer. Ich nahm sie in den Arm und versuchte sie zurück zu halten und zum Bleiben zu überreden. Sie hatte so viele Ängste, Gefühle zuzulassen. „Du bist so weit gegangen", sagte ich so einfühlsam wie möglich. „Jetzt musst du weitergehen. Das Ziel ist so nahe. Bleib bitte! Ich hatte doch auch Angst, aber gemeinsam schaffen wir es. Ich unterstütze dich, wo ich kann."

Sie blieb. Aus dieser Begegnung ist bis zum heutigen Tag eine wundervolle Freundschaft geworden.

Nach dem Frühstück am nächsten Morgen tanzten wir erst einmal, um in unsere Energie zu kommen. Anschließend wurden Männer und Frauen getrennt und auf zwei Räume verteilt. Ich vernahm wunderschöne Musik und den Duft der Räucherstäbchen. Das Licht war gedämmt und die Stimmung fühlte sich warm und liebevoll an.

Advaita gab das Thema vor: weibliche und männliche Energie. Männer und Frauen wurden getrennt. Die Männer begaben sich in andere Räumlichkeiten. Die Frauen blieben separat, um in die weibliche Energie zu gehen. Dazu wurden Vierer-Gruppen gebildet. Jeder erzählte den anderen eine schlechte und eine gute Erfahrung aus seinem Sexualleben. Inzwischen fiel es mir leichter. Ich kannte die anderen nicht, und, sagte ich mir, würde sie wahrscheinlich auch nie wiedersehen. Aber es sollte ganz anders kommen.

Auch in den Vierer-Gruppen kam es zu teils heftigen emotionalen Ausbrüchen, weil Dinge angesprochen wurden, die tief vergraben und nie raus gelassen worden waren. Sie schwelten unterschwellig ein Leben lang und blockierten die Personen in gewissen Situationen. Wir hörten jedem Teilnehmer gespannt zu und gingen teilweise mit in den Schmerz des anderen, hielten dabei die Person liebevoll fest und streichelten sie. Natürlich lachten wir auch herzhaft, wenn witzige Erlebnisse erzählt wurden. Es war eine ganz besondere Energie im Raum, voller Spannung, Tränen und Lachen.

Und es war eine befreiende Energie, die unheimlich gut tat.

Als alle Teilnehmer ihre Geschichte erzählt hatten, legten wir vier uns zusammen und hielten uns in Liebe umschlungen. Welch eine Atmosphäre. Eigentlich unbeschreiblich, trotzdem versuche ich, sie in Worte zu fassen:

Es ist so banal und doch so schwer, sie zu finden, die Liebe!

Ich spüre immer wieder den **Schrei nach Liebe**!

Ich stehe nicht allein da, denn so viele verzehren sich nach Liebe, Geborgenheit, Zärtlichkeit und natürlich gutem Sex.

Am Nachmittag bildeten wir wieder Zweier-Gruppen. Lara und ich kamen zusammen, da sie mich mit flehenden Augen beim Aussuchen der Partner ansah. Ich merkte, diese Übung wollte sie unbedingt mit mir machen. Es wurde eine sehr intime Session, denn es ging darum, Berührung zuzulassen, auch im Intimbereich. Wir lernten tantrische Massagen, die sogenannte Yonimassage. Am Ende der Massage wurde die Vulva, die Scheide und die Klitoris stimuliert, wobei der Orgasmus sekundär sein sollte. Als ich Lara liebevoll penetrierte, fing sie heftig an zu zittern und plötzlich begann sie auch zu weinen und bekam krampfartige Zuckungen.

Oh Gott, was hatte ich getan? Hatte ich Lara eventuell verletzt? Aber meine Nägel waren ganz kurz geschnitten, das sollten wir alle vor der Übung noch machen. War das jetzt der weibliche ‚big draw', fragte ich mich. Aber weit gefehlt. Als sie zusätzlich noch zu schreien anfing, winkte ich Advaita herbei, die gerade auf uns aufmerksam geworden war. Auch das Team kam hinzu geeilt. Wir hielten Lara fest an allen vier Extremitäten. Advaita bat Lara, langsam und regelmäßig zu atmen und legte die Hand auf ihren Brustkorb.

Sie beruhigte sich nur langsam und ich stand da, fassungslos mit aufgerissen Augen, und fühlte mich so hilflos. Ich wusste ja nicht, was ich angerichtet hatte.

Lara ging, so erinnere ich mich schemenhaft, in ein Einzelgespräch. Hier verarbeitete sie das Thema Missbrauch, was sie jahrelang unterdrückt hatte. Meine Güte, sie war 57 Jahre alt und hatte es ihr ganzes Leben mit herum geschleppt. Wie grausam. Das war eine wichtige, wenn auch erschütternde Erfahrung für mich, die mir später auch in meiner Praxis geholfen hat, mit solchen Dingen umzugehen. Im Anschluss an das Seminar beschäftigte ich mich intensiv mit dem Thema.

Am Ende des Seminars schien Lara leicht apathisch zu wirken, aber auch befreit. Männlein und Weiblein saßen wieder gemeinsam im Raum und jeder erzählte seine persönlichen Erfahrungen, was er oder sie mitnehmen würde und was es für den Einzelnen gebracht hatte.

Wir waren alle in einer sehr entspannten und weichen Stimmung, umarmten uns zum Abschied. Es wurde gelacht und geweint vor Freude. Beim Abschiedskaffee saßen mir drei Männer gegenüber. „Ich kann es nicht fassen", sagte der eine von ihnen ständig. „Ich kann es nicht fassen."

„Was?", fragte ich neugierig nach.

„Ich habe einen Mann berührt und seinen Schwanz massiert. Oh Gott, hoffentlich bin ich jetzt nicht schwul."

Die anderen nickten verschämt, aber es war wohl trotzdem eine Bereicherung für die Männer, einmal in männliche Energie vorzudringen, sie zu fühlen und zu erleben.

Der andere berichtete mir: „Ich habe eine Prostatamassage erhalten und auch gegeben. Hätte ich nie für möglich gehalten, dass es mich erregen könnte und ich dabei einen Orgasmus bekommen kann."

Ich schmunzelte. „Na", sagte ich. „Dann hat es euch doch gut getan, in eine neue Welt einzutauchen, Erfahrungen zu machen, den eigenen Körper neu zu entdecken und genießen zu können."

Sie nickten alle drei und lächelten. Daran konnte man schön erkennen, wie sich jeder durch tantrische Körpererfahrungen, Massagen, Beckenbodenübungen und vielem mehr neu kennenlernen kann. Es ist ein Abenteuer, tiefliegende Blockaden zu erkennen, positiv damit umzugehen, sich zu befreien und letztlich sich so anzunehmen, wie man ist. Denn jeder Körper ist heilig und schön.

Ich möchte hier nicht zu viel vorweg nehmen. Jeder sollte seine eigene Erfahrung in diesen Seminaren machen.

Erfüllt von Liebe und guter Energie fuhr ich nach Hause. Ich fühlte mich nach diesem ersten Seminar wie ein neuer Mensch mit vielen neuen Eindrücken. Dieses Gefühl und dieser Zustand sollten viele Wochen anhalten.

8

Was ist Tantra? Ein kleiner Exkurs

Tantra ist die Kunst, bewusst zu leben und zu lieben. Tantra ist weder Wissenschaft noch Religion, sondern ein spiritueller Weg der Erfahrung, ohne Dogmen und Glaubensbekenntnisse. *„Die Erkenntnis über das Leben"* und *„eine besondere Art zu leben"* beschreibt Tantra sehr gut. Tantra heißt auch: *„das Leben neu zu betrachten und zu leben".* Es wurde vor über 2000 Jahren von buddhistischen Mönchen in Tibet entwickelt und zeigt einen spirituellen Weg auf, Sexualität, Liebe und Bewusstsein in Einklang zu bringen.

Tantra sagt, dass Sexualität und Spiritualität „die beiden Seiten derselben Energie" sind. Es bejaht daher die sexuelle Energie, weil diese Energie für den inneren Transformationsprozess genutzt werden kann. Tantra bejaht unsere Lust und unsere Sexualität, ohne darauf fixiert zu sein. Denn es ist weit mehr: Tantra öffnet Türen für Liebe und Bewusstsein.

Mit Tantra kannst du dein ganzes Sein erfahren. Wer und wie du bist. Dich berühren lassen und berühren. Dich annehmen wie du bist. Deine Ganzheit leben und anerkennen. Deinen Sex, deine Liebe und dein Bewusstsein miteinander verweben. Die Hochzeit deines inneren Mannes und deiner inneren Frau. Dich mit der Existenz verbunden fühlen, dich und andere nicht bewerten, sondern erleben.

Leider ist in der Öffentlichkeit ein verzerrtes und einseitiges Bild des Tantras entstanden. Meist wird Tantra mit

Kamasutra in einen Topf geworfen oder es wird auf Tantra-Massagen reduziert. Das hängt zum einen an mangelnden Informationen, zum anderen an der Darstellung des Tantras in den Medien. Ein Bericht über Tantra mit viel nackter Haut bringt höhere Einschaltquoten. Eine DVD-Firma wollte 2008 einen Film über Advaita und mich produzieren. Natürlich nackt bei der Arbeit. Wir sollten in jedem Regal stehen und zu haben sein. Wir lehnten dankend ab.

TV-Berichte über Tantra sind leider oft sehr oberflächlich, so dass Menschen, die noch nie ein Tantraseminar besucht haben leicht den Eindruck bekommen könnten, Tantra sei eine Art esoterischer Swingerclub. Doch wer beim Tantra nur den sexuellen Kick sucht, wird enttäuscht sein. Wer sich dagegen auf die Vielfalt der tantrischen Erfahrungen einlässt, kann einen ganz neuen Zugang zu sich selbst und der eigenen Gefühlswelt entdecken. Liebe und Partnerschaft werden gestärkt durch neue Inspirationen und damit verbundene Lebensfreude.

Der Sanskrit-Begriff Tantra bedeutet Gewebe/ Zusammenhang, Erweiterung/ Ausdehnung. Demzufolge werden im Tantra alle Phänomene der Welt als eine Einheit angesehen und nichts wird ausgegrenzt oder abgelehnt.

Tantra sagt nicht: Ziehe Dich zurück von der Welt, um Dich selbst zu erkennen und zu finden, sondern lebe und erlebe deinen Körper mit deinen Sehnsüchten, Gefühlen. In allen Situationen, die das Leben dir bietet, wirst du dein wahres Selbst erfahren.

Die Tantra-Massage ist eine Form der rituellen Berührungskunst. Sie wurde etwa Mitte der 80er Jahre aus dem westlichen Neo-Tantra entwickelt und kombinierte rituelle

Körperverehrungspraktiken mit Massagetechniken zur Beeinflussung körperenergetischer Vorgänge und verschmolz sie zu einem mehrstündigen, choreographierten Berührungsablauf. Die Tantra-Massage ist demnach eine rituelle Kunst der Berührung.

Sie ehrt den menschlichen Körper und den Menschen in seiner Gesamtheit. Als Ritual lehrt und vermittelt sie einen bestimmten Ethos: Freude, Würde, Rücksichtnahme, Aufmerksamkeit, Behutsamkeit, Sorgfalt, Offenheit, Achtung vor dem anderen, Mut sowie die Fähigkeit, selbstbestimmt Entscheidungen über das zu treffen, was einem gut tut. Als Kunst der Berührung ermöglicht sie eine Erweiterung unserer Sinnlichkeit. Die Tantra-Massage sieht den Körper als den Tempel unserer Persönlichkeit. Sie respektiert die sexuelle Natur des Menschen und weiß, dass sexuelle Lust eine der stärksten und ursprünglichsten Quellen für Lebensfreude und Zufriedenheit sein kann.

Tantraschulen umfassen Ausbildungen, Praktiken und Lehren im Bereich der Sexualität, die sexuelle Hemmungen und Blockaden, die persönlich als belastend empfunden werden, beseitigen. Sie rufen verborgene energetische Prozesse im Körper hervor, die unsere sexuelle Lust steigern und bereichern und es ermöglichen, Selbstbezogenheit durch Gefühle der Verschmelzung zu überwinden.

Welchen Schwerpunkt die unterschiedlichen tantrischen Schulen und Anbieter im Westen auch legen, ihnen allen ist gemeinsam, dass der Körper und die sinnliche Lust eine Form der rituellen Verehrung ist.

9

Meine erste eigene Massagepraxis

Ich mietete eine gewerbliche Immobilie im Westend an. Sie lag im Erdgeschoss eines Wohnhauses. Aus der Zeit bei der Anzeigenfirma im 10. Stock wusste ich, dass es illegal war, in einer Privatwohnung zu arbeiten. Das nennt sich Wohnraumzweckentfremdung und wird mit einer hohen Geldstrafe geahndet. Fast alle Frauen, die in dem Bereich tätig sind, arbeiten heimlich in einer Wohnung, so lange bis die Beamten des Ordnungsamtes auftauchen. Dann wird der Laden sofort geschlossen. Da ich eine lebenslange Perspektive und ein neues Leben anstrebte, machte ich alles ganz korrekt und legal.

Ich meldete ein Gewerbe an und eine ehemalige Kommilitonin von Tim, die ihre Steuerfachprüfung gemacht hat und ein kleines Steuerberatungsbüro leitete, bearbeitete meine Steuerunterlagen. Mit diesem Thema beschäftigte ich mich am liebsten gar nicht. Das ist bis heute so. Ein Buch mit sieben Siegeln. Ich hasse zudem Formulare, die ich ausfüllen muss.

Der nächste Schritt folgte sogleich. Ich schaltete Anzeigen: „Suche freundliche Masseurin." Zwei Frauen meldeten sich. Die eine war eine kleine Französin, Nadile, etwa 40 Jahre alt und sehr attraktiv. Die andere, Michaela, war viel jünger und etwas hektisch. Sie stammte aus einem Dorf in der Nähe Frankfurts. Die beiden übernahmen die Schichten, wenn ich im Krankenhaus arbeitete.

In der Anfangszeit hatte ich oft einen 16 Stunden Tag. Mir erging es nicht anders als meinem Mann – wenn ich heimkam war ich todmüde und erzählte ihm, Spätdienst gehabt zu haben. Er achtete gar nicht darauf, denn auch er kam in der Regel nicht vor 22 Uhr aus dem Büro nach Hause.

Die erste Anzeige für die Massagepraxis gab ich genau dort auf, wo alles angefangen hat: im 10. Stock. Die Damen waren echt beeindruckt. Ihre Blicke sagten: Die Wera hat es geschafft. Na, mal sehen, wie es mit ihr weitergeht.

Ab und zu besuchte ich sie noch, doch dann wechselte die Abteilung die Sekretärinnen aus und ich kannte keine mehr. Der Kontakt bestand nur noch telefonisch weiter, wenn ich weitere Anzeigen aufgab.

Später fuhr ich noch einmal aus nostalgischen Gründen und zum Schwelgen in alten Erinnerungen in den 8. Stock und stellte mit Entsetzen fest, dass dort nur noch Russinnen in Strapsen arbeiteten und das Niveau stark gesunken war.

Auf der Straße traf ich Monate später auf Herrn Kunz in Begleitung seines Sohnes. Er erkannte mich nicht. Vielmehr: Er konnte mich nicht sehen, denn der Diabetes hatte seine Augen angegriffen. Der Sohn musste ihn führen.

Auch an meine Stimme konnte er sich nur schemenhaft erinnern. Und doch kamen ihm scheinbar Bilder von der Angi aus dem 8. Stock in den Kopf. Ein zartes Lächeln deutete es an.

Das war das letzte Mal, dass ich ihn gesehen habe. Jahre später erfuhr ich, dass er kurz nach diesem Zusammentreffen verstorben sei. Der Sohn hatte längst die Firma übernommen.

Inzwischen habe ich weit über 30 Stunden an diesem Buch geschrieben und das Gefühl, die Zeit fliegt an mir vorbei. Es ist unglaublich, welche Euphorie ich beim Schreiben entwickle. Je mehr ich in mein Leben und meine Vergangenheit eintauche, umso mehr kommen längst vergessene Situationen hoch. Auch beim Massieren, wenn ich ganz tief in Meditation mit dem Gast bin, sehe ich plötzlich schemenhafte Bilder. Selbst nachts liegt ein Block und ein Stift neben mir, da mich im Schlaf das Thema im Unterbewusstsein weiter beschäftigt. So hole ich Dinge aus der Versenkung, die als Film in meinem Kopf ablaufen und die ich dann sofort zu Papier bringen muss.

Ich kann sogar Stimmen von einst wahrnehmen und Gefühle dieser Zeit intensiv nachfühlen, so dass ich emotional tief berührt und ergriffen bin und anfange zu weinen. Leise Tränen laufen meine Wange herunter. Ob Freude oder Schmerz, glückliche oder schmerzhafte Momente – ich gehe in den Ablauf der Zeit und erlebe sie noch einmal neu.

Die harten und die traurigen Zeiten haben mich gestärkt und motiviert zum Weitermachen, zum Kämpfen, und mich Schritt für Schritt näher an mein Ziel geführt.

Das hat mich zu dem gemacht, was ich heute lebe. Und ich bin dankbar für mein Leben, mit allen Höhen und Tiefen. Alles was ich erlebt habe, hat mich bereichert. Nur so hat für mich alles eine ganz besondere Wertschätzung.

Mein Refugium ist mein heiliger Tempel! Mein Leben!

*

Es war Juni. Die Anzeigen waren geschaltet und der erste Tag in meiner eigenen Praxis sollte beginnen. Pünktlich um 10 Uhr morgens öffnete ich mit den 2 Frauen Nadile und Michaela die Türen.

Es war umwerfend, wie viele Anrufe am ersten Tag reinkamen. Fast ohne Unterbrechung klingelte das Telefon und viele Gäste kamen, auch einige, die ich noch aus der Hanauer Landstraße kannte. Alle waren hocherfreut und beglückwünschten mich.

Die Räume waren noch spartanisch eingerichtet, da mein gespartes Geld für die Kaution, die Anzeigen, zwei Massagebänke und etwas Dekoration drauf gegangen war.

Ach ja, nicht zu vergessen: Ich hatte die gewerbliche Immobilie in einem denkbar schlechten Zustand übergeben bekommen. Musste einen neuen Teppich verlegen und neu tapezieren lassen. Ich ließ die Badewanne abreißen und eine Dusche einbauen.

Ich habe dabei kräftig mitgearbeitet. Nach dem Krankenhausdienst und in den Pausen habe ich schnell eine leckere Currybratwurst von Lars Oberndörfer bei ‚Best Worscht in Town' gegessen. Wir fanden uns sehr sympathisch und sprachen oft darüber, dass wir beide gerade einen Neustart hinlegten und wünschten uns, dass wir eines Tages, jeder mit seiner Passion, berühmt werden würden.

In dieser Phase war ich körperlich echt kaputt, durch die Doppelbelastung Krankenhaus und Massage, aber es bemerkte keiner, ich sah immer strahlend aus. Und die Anstrengungen hatten sich echt gelohnt. Die Praxis sah fast so aus, wie ich sie haben wollte, und sie lief.

Jetzt war es auch an der Zeit, mein Projekt meinem Mann vorzustellen, etwa ein halbes Jahr nach der Eröffnung. An einem Sonntagmorgen beim Frühstück sagte ich ihm, ich müsse ihm etwas ganz Wichtiges zeigen.

Wir fuhren los. Er war mehr als erstaunt, als ich die Eingangstür der Praxis aufschloss und wir die Räume betraten.

„Was ist das denn hier? Du hast doch nicht etwa deine Idee einer eigenen Praxis in die Tat umgesetzt?"

Lange vorher hatte ich ihm einmal von meinen Träumen erzählt, die er aber abgetan hat. Bitte, liebe Wera, das kannst du nicht. Du hast kein kaufmännisches Know-how. Schuster bleib' bei deinen Leisten. Das Krankenhaus ist sicher. Das Übliche.

Daraufhin zeigte ich ihm die Umsätze und die Steuerunterlagen, die unsere gemeinsame Freundin erstellt hatte. Jetzt wurde er richtig sauer. Ich hinterginge ihn. Er tobte. Klar: Sein Ego war angegriffen, da ich erfolgreich war und gut verdiente. Dagegen war das Krankenhausgehalt ein Taschengeld.

Mein Mann musste das alles erst einmal verdauen, bis er entschied, dass es so nicht weitergehen würde. Kurz darauf strebten wir die Scheidung an. Wir sahen ein, dass wir uns im Laufe der Jahre in völlig verschiedene Richtungen entwickelt hatten und jeder sein eigenes Leben führen wollte. Also trennten wir uns respektvoll und ohne Zorn. Da wir viele Rechtsanwälte kannten, war es ein Leichtes, die Scheidung innerhalb eines halben Jahres abzuwickeln.

Als wir das Gericht in Offenbach verließen, klopfte mir mein Mann auf den Po, gab mir einen letzten Kuss und wir wünschten uns alles Gute für die Zukunft. Welch harmonische Scheidung.

10

Nicht jede Tantramassage ist eine echte Tantramassage

Vor etwa 8 Jahren wurde ein Verein für qualitativ hochwertige und echte Tantramassagen gegründet. Wer dort Mitglied ist, bekommt ein Gütesiegel. So wäre sicher gestellt, dass der Gast in einer echten Tantramassagepraxis und nicht in einer banalen Erotikmassage landet. Diejenigen, die sich oft nur unter dem Deckmantel Tantra verstecken, sind – wie so viele – auf den Zug aufgesprungen und nutzen die Magie des Wortes ‚Tantra' für ihre Geschäfte, ohne sich im Geringsten mit dem Wesen und der Philosophie des Tantras auseinander gesetzt zu haben. Dadurch ist der Ruf der Tantramassage in leichten Verruf gekommen.

Davon hörte ich immer öfter. Einige Gäste waren stark verunsichert und erzählten mir von ihren merkwürdigen Erlebnissen bei angeblichen Tantramassagen. Es seien ausschließlich nicht Deutsch sprechende Damen in Dessous und High Heels zur Auswahl gewesen und die Qualität der Massagen entsprach keineswegs den Vorstellungen einer Tantramassage.

Ich wäre beinahe Mitglied in dem Qualitätsverein geworden, wenn da nicht für mich unangemessene Auflagen bestanden hätten. Ich hätte mich beispielsweise verpflichten müssen, meine Masseurinnen auf eine teure Schulung des Vereins zu schicken. Das war Pflicht. Aber ich konnte doch niemanden dazu zwingen, außerdem mache ich diese Schulungen selber und gebe mein Wissen weiter.

Zudem hätte ich einen Abgesandten des Vereins kostenfrei massieren müssen. Der Junge hat es echt gut, dachte ich, lässt sich deutschlandweit umsonst massieren und gibt sein Urteil ab.

Der nächste Punkt war, glaube ich, ein Obolus an den Verein, der für jeden Raum, den die Praxis zur Verfügung stellt, zu zahlen war. Eine Art Zwangsabgabe. Hier brauste natürlich mein altes Kämpferherz gegen Ausbeutung richtig auf. Nein, ich beschloss, weder einen Verein noch sonstige Gruppierungen in Anspruch zu nehmen, die letztlich nur mein Geld wollten.

Es gibt nur einen Verein, naja, eine Behörde, der ich verbunden bin und bleiben werde, dem lieben Finanzamt. Augenzwinker. Die Würgemale an meinem Hals sehen nicht gut aus. Die würgen mich ständig, oh, es tut so weh.

*

Apropos Verein. Mit 11 Jahren gründete die kleine Wera eine Bande mit vereinsmäßigen Strukturen.

Die Erinnerungen kamen hoch, als ich meinen alten Kinderkoffer aus dem Keller zufällig in die Hände bekam. Ich öffnete den Koffer, der recht verstaubt war und schon ein wenig modrig roch, da lag doch tatsächlich eine alte Schutzhülle drin mit dem Bandenausweis, wie witzig. Nicht zu glauben, dass ich den noch habe. Sogar mit einer Satzung, richtige Regeln, die die Mitglieder unterschreiben mussten. Alles, was wir machten, musste unter strengster Geheimhaltung bleiben. Für was wir damals standen oder eintraten, weiß ich nicht mehr. Nur so viel: einer stand für den anderen.

Meine weiblichen Mitglieder sollten mich auf alle Fälle mit ihren Barbies spielen lassen, da das bei mir zu Hause strengstens verboten war. Diese Puppen waren kein pädagogisch wertvolles Spielzeug, das musste ich mir von meiner Mutter immer wieder anhören. „Was wollen die Amerikaner uns damit aufzeigen, mein Kind?"

„Mir doch egal."

„Ken und Barbie sollen die perfekten Menschen darstellen, aber wie langweilig wäre die Welt, wenn wir alle so aussehen würden?"

„Ach, Mensch Mutti. Ich will doch nur spielen."

Aber wie so oft im Leben, alles, was verboten ist, erhöht den Reiz enorm. Die Nachmittage mit Barbie jedenfalls habe ich als Hausaufgabenhilfe bei meiner Freundin deklariert.

Mit meinen männlichen Freunden tauschte ich Matchboxautos, wir bauten Dampfmaschinen oder ein Haus auf dem Abenteuerspielplatz.

Meine eigens auferlegte Mutprobe, um in meine Bande zu kommen, sollte auch mein bester Freund Christian bestehen. Wir fuhren in den 13. Stock des Studentenheims im Nordwestzentrum in Frankfurt. Dort waren der TV-Raum und der Balkon für alle zugängig. Ich stieg auf den Balkonsims, der etwa einen Meter breit war (wohlbemerkt im 13. Stock!) und lief entspannt darauf herum, einige Meter zumindest. Ich war schwindelfrei und mutig wie ein Bär. Aber ehrlich gesagt, es war eine ziemlich bescheuerte Idee. Strunz blöd sogar. Als ich Christian in die angstvollen

Augen sah, erließ ich ihm die Mutprobe, denn ich liebte ihn so sehr und wollte ihn doch später heiraten.

In dieser Clique waren noch zwei weitere Jungs, Thorsten und Mathias. Wir trafen uns nachmittags nach der Schule in der Aula der Fachhochschule. Ich hatte die Schlüssel, da mein Vater der Verwalter des Studentenwohnheims und der gesamten Fachhochschule im Nordwestzentrum war.

Ich traf die Entscheidung, die Mutprobe etwas humaner zu gestalten. Wir standen auf der Bühne der Aula im Dämmerlicht und staubiger Luft, und ich eröffnete den Jungs, um in die Bande aufgenommen zu werden, sollten sie die Hosen runterlassen: genau – sich entblößen. Ich wollte gerne mal einen Pimmel von nahem sehen.

Meinen Vater und Bruder hatte ich zwar oft nackig gesehen, aber diese Aktion mit meinen Jungs hatte einen besonderen Reiz. Christian, Thorsten und Mathias schauten sich erst verdutzt an, doch dann ließ einer nach dem anderen verschämt die Hosen fallen. Ich trat ganz nahe heran, um die lustigen kleinen, dicken oder dünnen Pimmelchen zu begutachten. Aha, so sahen die also in echt aus. Diese Dinger, über die so viele unter vorgehaltener Hand sprachen. Ich habe oft Gespräche von Frauen über Männer, natürlich nie absichtlich, belauscht. Es war unglaublich, wie viel Gesprächsstoff so ein Ding hergab. Worüber sich die Großen so ihre Gedanken machen, dabei sahen diese Pimmelchen aus wie abgebrochene Wiener Würstchen. Keine Ahnung, wieso so viel Aufregung um diese Anhängsel gemacht wurde. Erst einige Jahre später sollte ich das unter einem ganz anderen Aspekt erfahren.

Aber jetzt hörte ich Christians Stimme zischen. „Jetzt bist du an der Reihe, Wera. Auch wenn du der Chef der Gruppe bist."

„Oh, nein! Kommt nicht in die Tüte! Erstens bin ich ein Mädchen und habe keinen Pimmel. Und mein Schneckchen zeige ich nicht. Zweitens habe ich als Chef Sonderprivilegien. Sorry!"

Sie mussten es hinnehmen und zogen ihre Hosen wieder hoch. Und ich war stolz wie Oscar, eine Männertruppe anzuführen und von allen die Pimmelchen live gesehen zu haben.

Eine Lieblingsbeschäftigung von uns war übrigens das Sammeln von Mercedessternen in der Tiefgarage. Ich hatte schon fünf Sterne, aber die blöden Teile waren manchmal so fest an der Kühlerhaube angebracht, dass man viel Kraft aufwenden und heftig drehen musste, bis sie abgingen. Während die Jungs Schmiere standen, oder ich für sie, erledigte ich den einen oder anderen. Das gab mir einen Kick, wie in den Kinderabenteuerfilmen der ‚Fünf Freunde‘.

Eines Tages entdeckte meine Mutter meine wunderschöne Sternesammlung. Zwei Wochen Stubenarrest folgten. Ich hätte natürlich die Aktionen als antikapitalistischen Anschlag deklarieren können, aber selbst das hätte meine Mutter nicht akzeptiert oder milde gestimmt. Sie war immer eine ehrliche, sehr konsequente und strenge Mutter gewesen und glaubte immer an das Gute. Und ihre Tochter war so ein schlimmer Finger.

*

Die Firma der Anzeigengestaltung und Webagentur war inzwischen aus dem 10. Stock ausgezogen in ein anderes Haus, weiter oberhalb auf der Hanauer Landstraße. Sie entwickelten sich zu einer der größten Werbefirmen in diesem Business. Dort hatte ich seit Jahren einen persönlichen Berater, Patrick. Wir kannten uns schon etwa 10 Jahre und ich hatte ihn oft genervt mit Textänderungen oder Anzeigenschaltungen. Im Laufe der Zeit freundeten wir uns richtig an und tauschen uns oft aus über private skurrile Erlebnisse. Immer wenn die Rechnung für meine Homepage anstand, besuchte ich die tollen Webjungs von der Mediafirma, insbesondere Patrick, es war ein nettes Ritual geworden, obwohl ich das Geld auch hätte überweisen können.

Bei diesen Gelegenheiten erfuhr ich stets interessante Informationen über die Plattform im Internet und was sonst alles auf dem Markt der erotischen Massagen in Frankfurt lief.

Nach meiner Eröffnung 1996 folgte noch im selben Jahr eine andere Tantrapraxis in Sachsenhausen, die allerdings eine andere Auffassung und Philosophie des Tantras und der Massagen vertraten.

Nur fünf Jahre später tummelten sich allerlei Scheintantramassagen in der Innenstadt Frankfurts, die unseren Ruf negativ beeinflussten. Denn wer im Glauben dort eine authentische Tantramassage zu bekommen hingegangen ist und auch noch als erste Berührung mit Tantra überhaupt, wurde bitter enttäuscht. Denn dort sind oft ganz junge Mädchen, die der deutschen Sprache nicht mächtig sind, keine Massageausbildung und schon gar keine Tantraausbildung haben, geschweige denn ein einziges Seminar vorweisen können.

Viele Gäste kamen nach einem solchen Erlebnis zu mir, starteten quasi einen neuen Tantra-Versuch, waren überwältigt und wurden Stammgäste.

Meine damalige Mitarbeiterin, die Französin, trennte sich nach einiger Weile von mir, da sie ein Angebot eines ,zwielichtigen Jungen' bekommen hatte. Sie sollte an einer Haupteinkaufsstraße eine Massage, allerdings ein sehr niedriges Niveau, eröffnen.

Zu mir kamen oft junge Frauen, die sich bei mir vorstellten und von ihren Erfahrungen in besagter Massage schlimme Dinge erzählten. Es war ein Massagepuff. Die jungen Frauen wurden erst mit Massagearbeit geködert und dann ging es eine Stufe weiter unter einem herrischen, strengen Regiment der Chefin.

Schade, was aus ihr geworden war.

Eine andere Mitarbeiterin, die ihr Studium durch ihren Job bei mir finanzierte, nahm einen sehr positiven Weg und ich war stolz auf meine kleine Ziehtochter. Sie arbeitete in anderen Ländern und hat heute eine eigene Praxis im therapeutischen Bereich.

Oft bewarben sich Frauen, die sich durch die Arbeit in einer Tantra-Praxis selbst befreien wollten, aber noch so stark in ihren alten Mustern gefangen waren, dass sie es nicht schafften. Oder Frauen aus dem esoterischen Bereich, die nach einer Massage am Tag die Flügel streckten, weil ihnen die Energie fehlte und sie nicht mehr in ihrer Mitte wären. Nach einer Stunde Massage, was haben die vorher gemacht?

Da waren sie bei mir an der falschen Adresse. Am liebsten hätte ich sie eine Woche ins Krankenhaus geschickt, damit sie erfahren, was arbeiten heißt. Dann hätten sie gemerkt, dass sie in meinem Refugium aber total in ihrer innersten Mitte gewesen und im Vergleich zur Klinik im Paradies gelandet wären.

Andere wiederum nahmen mein Know-how und eröffneten im Vordertaunus eine allerdings banale Erotikmassage unter dem Deckmantel Tantra, deren Niveau auch zu wünschen übrig lässt. Auch wenn sie versucht hat, meinen Stil auf ihrer Homepage zu kopieren, wird sie niemals auf meinen Stand kommen. Aber auch solche Massagen finden ihre Klientel.

Vor sieben Jahren hatte ich eine ganz liebe neue Mitarbeiterin, deren Mann im Außendienst tätig war und eines Tages vor der Tür stand. Seine Frau öffnete ihm. Welch ein Schock für beide! Sie hörte leider auf, bei mir zu arbeiten.

Vor etwa vier Jahren öffnete eine neue Tantramassage in Offenbach, die aber mit dem Standort Frankfurt inserierte. Die Homepage war dürftig, bis ich eines Tages eine wesentlich verbesserte Form sah. Mir fielen fast die Augen raus. Der größte Teil war von meiner Homepage geklaut. Die Frau hatte sich wahrhaftig auch ihre tollen dunklen Haare abschneiden lassen und war optisch fast zu meinem Ebenbild geworden. Blond stand ihr leider überhaupt nicht.

Auf der Homepage war ein Foto von zwei Frauen. Eine davon war jene Frau, deren Mann sie bei mir erwischt hatte. Die Seite hatte einige Textpassagen von meiner geklaut und sie hatte der anderen Frau mein Know-how verraten. Das las ich ganz deutlich aus ihrer Homepage.

Vor zwei Jahren sah man die schwarzhaarige Frau, die Chefin, plötzlich mit kurzen blonden Haaren, fast mein Ebenbild. Auch die Fotoposings waren meinen nachgestellt.

Ich war und bin sauer, dass ich so oft kopiert werde und ganze Textpassagen eins zu eins übernommen werden. Aber mein Rechtsanwalt sagte mir, ich solle doch einfach stolz darauf sein, dass andere mich als Vorbild nehmen. Seine Worte waren kein rechter Trost für mich.

Einmal gab es echt Stress für eine Erotikmassage in der Nähe von Hanau. Sie hatten meine gesamte Homepage kopiert, inklusive meiner erfundenen Symbole, und bekamen daraufhin eine Abmahnung.

Manche kopierten sogar meine Eigenkreationen. Ich hatte die Idee, den Orgasmus ‚Samadhie' zu nennen. Auch das übernahmen viele auf ihrer Homepage. Was ich natürlich sehr amüsant finde.

Ich hatte eine Mitarbeiterin, mit der ich mich anfreundete. Wir unternahmen auch einiges zusammen. Außerhalb des Refugiums war sie Fitnesslehrerin und hatte einen durchtrainierten Body. Diese Freundschaft wurde durch den Verdacht getrübt, dass sie ihren Gästen, ihre persönliche Telefonnummer weitergab, was strengstens verboten ist.

Ich gewann mehr und mehr den Verdacht, dass sie sich irgendwo im Nordend eine kleine Wohnung angemietet hatte und mir sukzessive Gäste dorthin abzog. Das war schwerster Vertrauensmissbrauch, ja sogar Betrug an mir und meinem Refugium. Und am Finanzamt natürlich auch.

Ich sprach sie häufig darauf an, aber sie negierte stets, und ich konnte ihr nichts nachweisen. Eines Tages hörte ich sie an meinem Festnetz zu einem meiner Gäste sagen: „Du kannst auch zu mir in meinen kleinen Massageraum ganz in der Nähe kommen." Also doch! Ich hatte sie erwischt und sie flog hochkant raus.

Ich war wieder einmal am Boden zerstört, da sie mein Vertrauen mit Füßen getreten hatte. Ich fühlte mich missbraucht und verraten.

Anschließend spürte ich deutlich den Schwund an Gästen, die sie mitgenommen hatte. Ein Gast erzählte mir, dass sie ihn auch darauf angesprochen hatte. Sie läge unter meinem Preisniveau böte während der Massage andere Dinge an. Was kann sich jeder denken.

Der Gast zog es vor, bei mir zu bleiben, aber es sollte ein halbes Jahr dauern, bis sich meine wirtschaftliche Situation wieder erholt hatte. Das war eine der größten Enttäuschungen überhaupt. Seitdem arbeite ich lieber allein.

Seit Anfang 2012 vergebe ich nur noch feste Termine, so ist für jeden Gast gewährleistet, dass wir nicht durch spontane Gäste und durchs Klingeln gestört werden oder es zu Überschneidungen kommen kann.

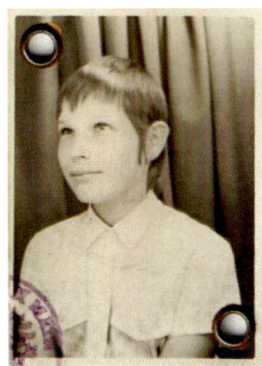

Die 9-jährige Wera

Die 18-jährige Wera

Die 26-jährige Wera

Weras Vater - der Drachenflieger

Erotikmassage im 8. Stock

Wera in der Kur

Beim Biken in der Kur

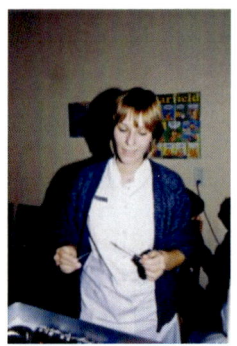

Kinderkrankenschwester Wera

Tantra-Refugium - Kaminzimmer........

und Eingang

Ich lebe Tantra mit Hingabe

Wera in Harmonie

11

Meine erste Praxis

Ich weiß nicht, woher ich manchmal die Kraft nahm, den Krankenhausjob und meine Massagen zu bewältigen.

Ich denke, der Wunsch und das Feuer in mir brannte so stark, meine Passion eines Tages voll ausleben zu können, dass ich all meine Energie hineinsteckte, durchzog und durchhielt.

Es gibt da einen Spruch: ,Nur wenn du brennst, kannst du auch andere anzünden.

Sehr weise. Von wem? Genscher!

Einen Stock über meiner Praxis lebten zwei Nonnen eines Ordens, dessen Name ich nicht mehr weiß. Sie beobachteten mich und meine Mitarbeiter argwöhnisch, aber mit der Zeit entspannten sie sich und begrüßten mich mit einem Lächeln.

Da unsere Gäste im Orgasmus zeitweise sehr laut wurden und es in der Wohnung drüber zu hören war, fragten mich die Nonnen eines Tages, was denn bei mir so laufe.

Ich erklärte ihnen, es handele sich um bioenergetische Massagen und mein Vorbild sei Alexander Lowen, ein Sexualwissenschaftler und Freund von Wilhelm Reich, dem Begründer der Bioenergetik.

Die Damen haben sich sicher Literatur geholt, da sie mir später gezielte Fragen zu Alexander Lowen stellten, als ob sie mich prüfen wollten: Sie waren jedoch sehr respektvoll dabei.

Leider hatte ich nicht nur nette Begegnungen in dem Haus. Ein Nachbar wollte mir das Leben zur Hölle machen. Es war ein alter Mann, der die Nazi-Zeit miterlebt hatte und seinem Namen alle Ehre machte. Er trug denselben Vornamen wie einst der Führer.

Oft stellte er sich vor die Eingangstüre des Hauses und pöbelte unsere Gäste an, die gerade das Klingelschild ‚Bioenergetic' suchten. Er zerstörte damit etliche Termine, denn manche Gäste waren dadurch so verunsichert, dass sie verstört wegliefen.

Ein tougher Gast, der keine Angst vor den Beschimpfungen des Herrn A. hatte und Rechtsanwalt von Beruf war, klärte ihn über die Folgen seiner niveaulosen Attacken auf. Wenn er ihn weiterhin persönlich angehe, werde er die Konsequenzen zu spüren bekommen und eine Anzeige wegen seiner Beleidigungen erhalten, die ja auf offener Straße sehr laut vernehmbar waren.

Ich rief die Hauseigentümerin an und beschwerte mich über Herrn A. Sie möge ihm mitteilen, diese Aktionen zu unterlassen.

Das alles führte leider dazu, dass er noch aggressiver wurde, so dass ich mir einen sehr teuren Bodyguard (den mir der Rechtsanwalt vermittelt hatte) für zwei Wochen zulegen musste. An mehreren Tagen hielt er zur Hauptgeschäftszeit vor der Tür Herrn A. von seinen Aktionen ab. Dabei kam es auch zu körperlichen Übergriffen von Herrn A. Mein Bodyguard legte niemals Hand an, sondern schob ihn einmal mit seinem gestählten, riesengroßen Körper an die Hauswand und verwarnte ihn ein letztes Mal. In diesem Moment bekam es Herr A. mit der

Angst zu tun, drohte mit der Polizei, was ihm wohl aber selbst als sinnloses Unterfangen vorkam, denn er sah davon ab, da er ja der Pöbler und Verursacher war. Eine Zeit lang kehrte wieder Ruhe ein und ich war eine Menge Geld losgeworden. Leider jedoch war das nur die Ruhe vor dem Sturm.

Herr A. machte weiter. Es war ganz offensichtlich sein Ziel, mich aus dem ehrenwerten Haus zu vertreiben. Auch andere Hausbewohner litten unter ähnlichen Eskapaden, beispielsweise der Hausmeister, den er einmal mit einem Baseballschläger vor seiner Tür verprügeln wollte. Ganz dicht war Herr A. nicht.

Im Sommer, einen Tag vor meinem wohlverdienten Urlaub, der Stress nach den Doppeljobs und der gerade hinter mich gebrachten Scheidung steckte mir noch in den Knochen, klingelte es an der Tür und die Männer des Ordnungsamtes der Stadt Frankfurt, bewaffnet mit ihren Ausweisen, standen da. Ein junger und ein älterer Mann, die ich auch die folgenden Jahre des Öfteren zu Besuch haben sollte, traten ein.

Ich führte sie in ein Behandlungszimmer und fragte nach, was sie möchten. Sie gaben an, einem anonymen Schreiben nachgehen zu müssen. Die Immobilie sei eine Wohnung und keine Gewerbeimmobilie. Somit sei der Tatbestand der Wohnraumzweckentfremdung erfüllt und die Nutzung eine Straftat, die mit einer hohen Geldstrafe geahndet werden und die sofortige Schließung des Geschäfts nach sich ziehen würde.

Oh, mein Gott! Ich brach, gebeutelt von all dem Stress der letzten Zeit, in Tränen aus, die zu einem Wasserfall mutierten. Ich war am Boden zerstört und lag nun auch auf selbigem mit einem Nervenzusammenbruch. Die zwei Männer wussten nicht, wie sie mit der Situation umgehen sollten. Sie sahen eine gebrochene Frau, deren Lebensziel soeben zerstört worden war. Der ältere von beiden richtete mich wieder auf. Ich fiel ihm um den Hals, schluchzend und zitternd am ganzen Körper, und umklammerte ihn, als wolle ich ihn nie wieder loslassen.

Es dauerte eine ganze Weile, bis ich mich einigermaßen gefangen hatte. Beide sahen mich mitleidig an. „Haben Sie wissentlich eine Wohnung für ihre Zwecke einer Massagepraxis angemietet?", fragte der Jüngere.

„Nie im Leben!", rief ich empört. „Mein Ex-Mann ist Rechtsanwalt. Von ihm habe ich gelernt, alles im Leben korrekt und legal zu machen. Außerdem steht doch im Mietvertag, dass es eine Gewerbeimmobilie ist."

Ich kramte den Mietvertrag heraus und legte ihnen voller Wut die aufgeschlagenen Seiten hin. Sie prüften den Sachverhalt und stellten augenblicklich meine Unschuld fest.

Was sie allerdings trotzdem nicht daran hinderte, die Maßnahmen einer Schließung meines Geschäfts einzuleiten, weil im Grundbuch definiert war, dass es eine Wohnung und keine Gewerbeimmobilie sei. Ich bekam einen Weinkrampf, da sie mir damit eine sofortige Schließung aufzeigten.

Die eigentlichen Schuldigen waren aber die Eigentümer. Ich konnte doch nichts für die Situation. Die beiden Herren vom Ordnungsamt erklärten mir daraufhin, anschließend die Eigentümer aufsuchen zu wollen, denn sie sollten die Strafe erhalten.

Aber was nützte mir das? Ich musste mein Geschäft trotzdem schließen, dabei hatte alles so schön angefangen. Da ich schuldlos war, einigten wir uns auf eine Schließung bis zum 3.1.1997. Diese Frist wollte ich nutzen, um bis dahin schnell neue Räumlichkeiten in guter, exponierter Lage zu finden.

Ich spürte mich nicht mehr, fühlte mich tot. Der nette ältere Herr vom Ordnungsamt nahm mich väterlich in den Arm. „Ich bin sicher", sagte er ruhig, „Sie schaffen es. Und jetzt genießen Sie erst einmal ab morgen ihren Urlaub." Toll! Mit all den Katastrophen im Hinterkopf konnte ich doch niemals entspannen.

Auch meine zwei angestellten Frauen waren sichtlich geschockt, da sie alles bei halbgeöffneter Tür mitbekommen hatten. Ich versprach ihnen, dass es weitergehen wird. Eine Wera mit Kämpferherz ließ sich so schnell nicht unterkriegen. Das war natürlich reine Selbstmotivation. Leider glaubte ich selbst nicht wirklich daran.

Nachts konnte ich vor Schmerzen und großer Traurigkeit kaum schlafen. Die Tränen flossen unendlich.

Am nächsten Morgen flog ich nach Kuba an den Varaderostrand. Fidel, ich komme!

Im Flugzeug ließ ich den schlimmsten Tag meines Lebens noch einmal Revue passieren. Wieder flossen Tränen die Wangen hinunter. Die nette Frau neben mir und der nette Stuart versuchten mich zu trösten, als ich einen Weinkrampf bekam. Alle waren liebevoll um mich bemüht.

*

Auch jetzt, in diesen Momenten, in denen ich diese Zeilen schreibe, sind die schmerzhaften Erinnerungen an diese Zeit heftig und nah. Es kommt alles wieder hoch, so dass mir die Tränen aus den Augen laufen.

Ich bin ein sehr emotionaler Mensch und gehe so tief in das Geschehene hinein, dass es mich noch mal richtig mitnimmt.

Außerdem weiß ich schon gar nicht mehr, wie ich sitzen soll, obwohl ich einen tollen Bürostuhl habe. Das Schreiben hat mich voll und ganz gefangen und mein Rücken schmerzt, da ich auf dem Stuhl mit der Zeit ganz langsam zusammensacke.

Meine Finger glühen, aber manchmal zweifle ich, ob meine Vergangenheit, all das, was ich zu erzählen habe, den Leser wirklich interessiert.

Aber eines fügt sich ins andere und es ergibt ein Ganzes, wie ich auf meinen Weg gekommen bin. Ich finde es sehr wichtig, alles in einen Zusammenhang zu stellen. Nur so kann man mein Leben insgesamt erfassen.

Und sollte es mal zu langatmig werden: Einfach mal das Buch zur Seite legen. Ich verspreche, es wird immer wieder spannend.

*

Wie ich später erfahren sollte, war an allem Herr A. schuld. Er hatte einen Rechtsanwalt als Sohn, der Einblick in die Unterlagen des Bauamtes nahm, da er vermutete, dass es sich um eine ausschließlich privat zu nutzende Wohnung handelte. Er witterte die Chance, das ach so ehrenwerte Haus von dem Massagemob zu reinigen.

Erschöpft von den Nerven aufreibenden Tagen kam ich also im kubanischen Hotel an, das im sozialistischen Plattenbaustil gebaut war, fiel nur noch ins Bett und schlief tief und fest ein.

Abends ging ich zum Buffet und anschließend zum Meer. Hinter mir lag das Monster von Hotel, es wurde kubanische Musik gespielt und ich vernahm Lachen von Hotelgästen. Ich ging am Strand in der Dunkelheit der Nacht spazieren, hielt inne und beschloss, mich an der Bar zu betrinken. Meinen Schmerz zu ertränken.

Einen Cuba libre nach dem anderen zog ich mir rein, bis der Kellner auf Spanisch etwas sagte. Es klang nach „Ohoh, señora" und „Muchas problemas". Ein paar Brocken Spanisch brachte ich noch auf die Reihe, da ich die Sprache in der Schule zwei Jahre statt Französisch gelernt hatte.

„Si, si. Muchas problemas", antwortete ich.

Total angetrunken ging ich später zum Meer. Die Musik verhallte langsam und wich dem Rauschen der Wellen. Ich zog mich aus, ganz nackt, meine Sachen legte ich ordentlich am Strand ab und ging ins nachtschwarze Wasser. Viele Gedanken schossen mir durch den Kopf: Das Leben machte für mich keinen Sinn mehr. Mir wurde alles genommen, was ich mir mit Herzblut aufgebaut hatte. Es sollte meine lebenslange Passion werden und jetzt stand ich mit einem Mal vor dem Nichts. Ich steigerte mich immer mehr hinein und wünschte Herrn A. sogar den Tod. Apropos: Ich hatte keinen Bock mehr, sollten mich doch die Haie fressen! Bis zum Bauchnabel stand ich im Meer und rief: „Hey, wo seid ihr? Ihr Killerhaie. Hier gibt's was zum fressen. Los, fresst mich. Wo seid ihr denn, ihr blöden Haie?"

Aber es kam keiner. Wahrscheinlich waren sie schon längst satt und schliefen jetzt. Ich war zu spät dran, naja, gehe ich eben auch wieder an den Strand. Ich stand einen Augenblick im zarten Wind und trocknete von allein, da ich kein Handtuch mitgenommen hatte. Für was auch? Ich wollte mich ja fressen lassen.

Als ich mich ankleide, kam plötzlich der Kellner auf mich zu und sprach in gebrochenem Deutsch: „No, no, señora. Ich habe gesehen, sie traurig. Aber nicht ins Meer gehen, das ist der Tod. Haie kommen nachts oft hier her."

Ach ja! Ausgerechnet heute scheinbar nicht. Die hatten wohl was Besseres vor. Zum Glück, denn es sollte eine wundervolle Zukunft vor mir liegen.

Der Kellner brachte die stark angetrunkene Wera zum Zimmer. Erst am nächsten Morgen, mit einem bösen Kater, wurde mir bewusst in welch ernsthafter Gefahr ich mich befunden hatte.

Am späten Mittag ging ich zum Strand schwimmen, genoss die heiße Sonne und versuchte, mich abzulenken.

Ich kaufte mir einen Block und einen Stift und machte mir Notizen, wie ich zu Hause alles wieder in den Griff bekommen konnte.

Als erstes natürlich: Die liebe alte Rundschau musste her, um nach gewerblichen Immobilien zu schauen, die zum Kauf angeboten wurden. Nie wieder mieten, sagte ich mir. So etwas wollte ich nie wieder erleben.

Nach der Scheidung war ich nach Frankfurt ins Nordend gezogen, ein Bezirk mit guter Infrastruktur, vielen Restaurants und Parks. Und nur zwei Stationen mit der Bahn zur Stadtmitte. Ich nahm mir vor, dort in der Nähe meiner Wohnung eine neue Praxis zu finden.

Die nächsten Tage konnte ich dann doch etwas abschalten und Kuba genießen. Ich schenkte mir eine Katamaranfahrt für einen ganzen Tag. An Bord waren viele Kanadier und Amis, alles Pärchen. Ich war die einzige allein reisende Deutsche. Es gab Sekt in Fülle und leckere Garnelen bis zum Abwinken, die uns von einem sehr attraktiven (Superbody mit Waschbrettbauch), interessanterweise blondgelockten Kubaner serviert wurden.

Das Boot ging an einer schönen kleinen Bucht vor Anker und alle schnorchelten im Wasser. Ich schwamm zum Strand, setzte mich und beobachtete das Geschehen. Der blonde Kubaner kam eine Weile später auf mich zu gepaddelt. Er lächelte mir zu, nahm neben mir Platz, malte ein Herz in den Sand und brabbelte. „Bonita señora", verstand ich. In gebrochenem Englisch erklärte er mir daraufhin, dass er eine ostdeutsche Mutter und einen kubanischen Vater hat.

Soso, dachte ich. Ein FDJ-Mitglied wurde hier von einer kubanischen Schönheit beglückt und flog mit der Frucht der Liebe und dieser Begegnung zurück in die DDR, die sie dann später, als das Kind 5 Jahre alt war, zurück nach Kuba brachte, so erzählte der junge Mann weiter.

Ich überlegte und kam auf sein eventuelles Zeugungsjahr, es muss der Sommer 1978 gewesen sein, da waren die kommunistischen Weltfestspiele auf Kuba und viele treue Mitglieder der SED und FDJ durften damals auf die Insel fliegen zu den Weltfestspielen der Jugend und Studenten.

Mein Strandnachbar wusste nichts von diesem Weltfestspielen, Ich klärte ihn darüber auf. Dann malte er noch ein Herz in den Sand und zwei Pfeile. Er wollte Liebe mit mir machen.

Junge, da war er echt zum falschen Zeitpunkt bei mir gelandet. Ich befand mich in einem so tiefen Schmerz, dass ich keine Lust auf Sex hatte. Ich hatte alles andere, aber doch konnte ich es genießen, dass so ein schöner Mann sich mit einer für ihn alten Frau treffen wollte.

Das erklärte ich ihm. "Look for another girl, please. I need energy from nature."

So schwammen wir zurück zum Katamaran und die Fahrt ging weiter, ohne dass er mich aus den Augen ließ.

Beim Aussteigen drückte er mir einen Zettel mit der Adresse seiner Wohnung in die Hand. Ich habe mich nie bei ihm gemeldet.

Auf dem Rückflug, saß ich doch recht entspannt und aufgeladen mit neuer Kraft im Flieger. Angekommen am Frankfurter Flughafen kaufte ich mir gleich die Rundschau, studierte die gewerblichen Immobilienanzeigen und wurde fündig.

Eine ehemalige Weinstube für 280.000 Mark stand zum Verkauf. Im Nordend, jup! Ja, das könnte sie sein, dachte ich und machte sofort einen Termin aus. Noch in der gleichen Woche stand der Besichtigungstermin an.

Ich rief den Bauleiter an, den ich im 8. Stock kennengelernt hatte, der als Gutachter fungieren und mir sagen sollte, welche Extrakosten für Renovierungen auf mich zukommen würden.

Das Haus lag in der Weberstraße 45 im Nordend, eine sehr gute Lage und von meiner derzeitigen Wohnung nur 2,5 Minuten entfernt. Perfekt also.

Aber du lieber Himmel! Was wir zu sehen bekamen, glich eher einer abbruchreifen Immobilie. Die musste nicht renoviert, sondern dringend kernsaniert werden.

Ich schaute sie mir genau an und kam zu dem Schluss, dass ich was daraus machen konnte. Aber das Projekt verlangte enormen Arbeitseinsatz, bis sie als Massagepraxis erstrahlen würde.

Und der Preis war natürlich absolut indiskutabel und nicht angemessen. Die Inhaber versuchten es eben, aber nicht mit mir. Ich sagte ab.

Jeden Freitag kaufte ich mir weiterhin die Rundschau. Mir lief die Zeit davon. Ich beobachtete, dass die Weberstraße weiterhin jede Woche in der Zeitung stand und von mal zu mal günstiger wurde. Sie fanden keinen Käufer und riefen mich mehrmals an. Ich müsste jetzt zuschlagen. Es ständen weitere Interessenten an, aber sie würden sie mir gerne verkaufen.

Trotz Zeitdrucks blieb ich entspannt. Da ich selber in der Branche gearbeitet hatte, kannte ich die Vorgehensweise und diverse Tricks. Ich dachte bei mir und zählte darauf, dass ich wohl die einzige Interessentin an der Bruchbude war. Inzwischen stand der Preis bei 250.000 Mark. Also rief nun ich an und bot 230.000 Mark und fügte hinzu, es sollte mein letztes Angebot sein. Die Inhaber lehnten ab. Jedoch meldeten sie sich noch in der gleichen Woche wieder. Ich bekäme den Zuschlag.

Der Termin wurde bei einem Notar im Westend gemacht. Der Kauf wurde besiegelt und das Datum für die Geldübergabe bzw. die Überweisung stand in 2 Monaten an. Jetzt musste es fix gehen, denn ich hatte nur die Hälfte der Summe von meinem Mann zu bekommen. Meinen Anteil, den ich über die Jahre an der damals gekauften Eigentumswohnung abbezahlt hatte. Es fehlten trotzdem noch weit über 100.000 Mark, aber ich war optimistisch eine Bank zu finden, die mir den Kredit gewähren würde.

Zudem beauftragte ich einen Architekten, Pläne für den Umbau anzufertigen, die die Auflagen des Bauamtes berücksichtigten. Außerdem musste ich einen Nutzungs-änderungsantrag von einer Weinstube in eine Praxis stellen. Oh je! Was da alles auf mich zukam. Damit hatte ich nicht gerechnet. Notar, Immobilienhonorar, Grunderwerbssteuer, ach du Sch....!

Die Pläne waren ruck-zuck fertig und ich stand persönlich beim zuständigen Mann im Bauamt, der mir sagte, meinen Antrag auf Nutzungsänderung könne ich jetzt nicht einfach mitnehmen. Es müsse erst alles geprüft werden. Dies könne Monate dauern. Ohne diesen Antrag mit Genehmigung dürfe ich mit den Umbauten nicht beginnen. Doch nun stand der Notartermin bald an und damit die Überweisung der gesamten Kaufpreissumme.

Und schon wieder stand ich kurz vorm Kollaps. Ich lief jede Woche zweimal zum Vorsprechen aufs Bauamt und wollte meinen Genehmigungsstempel persönlich abholen und die Beamten so lange nerven, bis sie weich wurden und diesen dämlichen Stempel aufs Papier setzten.

Das war ein mörderisches Programm. Einfach zu viel. Kein Geld, kein Stempel und ich hatte in dieser Phase auch noch einen älteren Mann kennengelernt, ein väterlicher Freund, der allerdings notorisch eifersüchtig auf alles und jeden war. Einmal rastete er in meiner Wohnung im 6. Stock dermaßen aus, nur weil gerade mein Bikefreund aus Karlsruhe anrief und er vermutete, er sei ein heimlicher Lover. Er nahm mich, zog mich auf den Balkon und hob mich über die Brüstung. Ich schwebte über dem Geländer und schaute in die Tiefe. Toll, das war's jetzt wohl endgültig, dachte ich. Gleich falle ich auf den Beton, zerplatze und spritze in alle Richtungen. Da hatte ich tatsächlich einen Verrückten kennengelernt. Aber jetzt war es zu spät, darüber nachzudenken. Ich versuchte, ganz ruhig auf ihn einzureden. Er möge mich bitte wieder in die Wohnung tragen und nicht fallen lassen. Er war ein Hüne von einem Mann, eigentlich sehr liebenswert, bis auf seine Eifersuchtsanfälle, die er schon öfters gezeigt hatte, aber nie in dem Ausmaß. Nach einer Weile ließ er mich runter und ich rannte um mein Leben die sechs Stockwerke wie eine Wilde hinunter. In der Panik und dem Schockzustand konnte ich die Tasten meines Handys nicht mehr für den Polizeiruf drücken, so sehr zitterte ich am ganzen Körper. Also lief ich in die Kneipe gegenüber und rief: „Bitte rufen Sie die Polizei, es ist ein Notfall!"

Ich ging wieder in mein Treppenhaus und hörte von unten eine Art Wutausbruch im 6. Stock und dass irgendetwas zertrümmert wurde.

Die Einsatzkräfte der Polizei trafen drei Minuten später ein, fuhren mit mir und nahmen den wütenden Stier fest.

Ich blickte auf ein Trümmerfeld, das kurz vorher noch meine Wohnung gewesen war.

Okay, auch egal. Hauptsache ich lebte noch. Das war das Wichtigste. Mein Gott, was musste noch alles passieren? Ich war echt gebeutelt in diesem Jahr.

Ich fuhr zu meiner besten Freundin nach Mainz, die mich aufbaute, und brauchte drei Tage, um mich zu erholen.

Dann ging's weiter zum Bauamt, da in einer Woche der ultimative Termin beim Notar anstand. Bis dahin brauchte ich Stempel und Geld.

Alle Banken, die ich um Geld bat, lehnten jedoch ab. Diese Geschäftsidee sei mit einem zu hohen Risiko behaftet. Es täte ihnen leid. Sorry! Manche fragten noch, ob ich Sicherheiten vorzuweisen hätte. „Einen alten roten Polo und mein Leben", antwortete ich. Aber das reichte natürlich nicht.

Ich beschloss, noch einmal das Bauamt aufzusuchen. Ein letzter verzweifelter Versuch sozusagen.

Ich stand vor dem Bauamtsmann. So jetzt zeig, dass du eine gute Schauspielerin bist, Wera, sagte ich zu mir selber. Ich jammerte und heulte ihm die Ohren voll. Mein Leben hinge von dem Stempel ab, ich hatte nur noch drei Monate für den gesamten Umbau der Immobilie. Das war mein festes Ziel.

Aber es half nichts. Er blieb stur. Also fuhr ich härtere Geschütze auf. Während ich einen Weinkrampf simulierte, tat ich so, als kollabiere ich, sackte aus dem Stand in mich zusammen und lag leblos am Boden. Es kamen sofort Kollegen hinzu, die mich in die stabile Seitenlage brachten. Ich lag da wie tot, versuchte ganz flach zu atmen und mich nicht zu bewegen.

Die Show war so perfekt, dass sie einen Krankenwagen anriefen. Dann standen die Sanitäter vor mir. Ich öffnete zaghaft meine Äugelein und stammelte: „Den Stempel, bitte, bitte, den Stempel! Mein Leben, meine Zukunft hängt davon ab."

Die sichtlich geschockten Bürobauamtsleute berieten sich. Ein älterer Mann holte tatsächlich das Antragsformular und stempelte es. Die Sanitäter nahmen das Blutdruckgerät ab und vergewisserten sich, dass ich wirklich okay sei.

Ja, es war geschafft, aber ich auch. Welch körperlicher Einsatz für meine Zukunft, meine Passion „Tantra". Ich hätte mir das Amtspapier am liebsten in einem goldenen Rahmen an die Wand gehängt.

*

Nicht zu vergessen: Ich arbeitete zu dieser Zeit noch im Schichtdienst im Krankenhaus. Dort weihte ich nur meine mütterliche Stationsschwester Gertrud ein und erzählte ihr von meinem neuen Leben, was ich mir gerade aufbaue und dass ich spätestens in zwei Jahren von dieser Vollzeitstelle in eine Halbtagstelle wechseln möchte. Sie war die einzige, die wusste, warum ich oft so fertig aussah.

*

Beim Notar kamen alle Beteiligten zusammen und ich hielt den Füller für die letzte Unterschrift. Diesen Tag werde ich nie vergessen. Durch einen glücklichen Zufall hatte mir ein Bekannter einen Privatkredit gewährt. Die Weberstraße 45 hatte eine neue stolze Besitzerin: Wera M. Aber sie war auch hochverschuldet mit einer abrissreifen Immobilie. Kurz darauf kam ein Bescheid mit der Zusage einer kleinen Bank, die den Kredit gewähren wollte.

Nun ging der Stress erst richtig los. Nach dem Schichtdienst arbeitete ich nochmal acht Stunden, oft bis in die tiefe Nacht. Einige Arbeiter unterstützten mich dabei. Wir rissen mit einem Brecheisen die alten, nach Wein stinkenden Holzdielen raus und die alte Tapete herunter. Eben alles, was bei einer Sanierung zu tun war. Drei große Container Schutt kamen zusammen, trotzdem sah es noch schlimm aus im Inneren der Weberstraße.

Der Bauleiter erwies sich als Glücksgriff. Er schenkte mir die neuen Fenster, indem er sie auf einen anderen Auftrag dazu schrieb. Auch weitere Hilfe bot er mir kostenfrei an. Offensichtlich fand er mich beeindruckend. Dafür bekam er später jede Menge Massagen umsonst.

Ich hatte noch einen Monat bis zu Eröffnung. Meine beiden Frauen nörgelten ständig, wann die Praxis denn endlich fertig werden würde. Wenn die wüssten, dachte ich, was ich permanent leistete. Sie massierten ja nur entspannt vor sich hin.

Im Laufe der Zeit nahm meine Praxis endlich annehmbare Formen an. Es war inzwischen Dezember und saukalt. Die Heizungen wurden abmontiert. Am 23. Dezember sollten die neuen Heizkörper angebracht werden. Ich stellte Radiatoren auf, damit wir nicht erfroren. Und weiter ging's. Doch ich bekam die Mitteilung, dass der

Heizungsbauer krank geworden sei und erst Anfang des neuen Jahres 1997 erscheinen würde.

Shit! Mir kam auch zu Ohren, dass er in die Heimat zum Weihnachtsfest geflogen sei. Von wegen krank, so ein Mist!

Am 24. Dezember, also Heiligabend nach meinem Frühdienst, ging ich in die Weberstraße, hängte Bilder auf und dekorierte die Zimmer. In meiner Verzweiflung rief ich meinen Vater an, da noch viele Elektroinstallationen anstanden. Er sagte mir zu, dass er am ersten Weihnachtsfeiertag nach Frankfurt kommen würde. Mein Vater war zu diesem Zeitpunkt 70 Jahre alt, aber topfit.

Der Abend dämmerte schon. Die Kirchturmglocken waren laut zu hören und aus allen Wohnungen tönte Weihnachtsmusik. Für viele war jetzt Bescherung. Nur ich saß vor meiner Chaosbescherung, ganz allein, erschöpft, weinend und mit einer Flasche Rotwein am Boden im Entree meines Refugiums.

Es war saukalt, ich hüllte mich in dicke Decken und betrank mich.

Am nächsten Morgen wachte ich steifgefroren und zitternd am ganzen Körper auf, sah eine leere Flasche Rotwein und realisierte, dass ich auf dem blanken Boden übernachtet hatte.

Ich ging in meine Wohnung, nahm ein heißes Bad und schlief noch einige Stunden, bis 13 Uhr, dann ging's zum Spätdienst ins Krankenhaus bis 21.30 Uhr. Alle waren in weihnachtlicher Stimmung. Wir zelebrierten mit den Patienten auf der Station das Fest, soweit dies in einem Krankenhaus möglich war.

In dieser Zeit steckte ich all mein weniges Geld in die Ausbauarbeiten der Weberstraße. Etwas zu essen kaufte ich mir überhaupt nicht mehr, da jeder Pfennig in das Refugium investiert wurde. Wenn die Patienten fertig waren mit den Tagesmahlzeiten, packte ich die gesamten Reste in Tupperware und nahm sie mit. So kam ich das nächste halbe Jahr ganz gut über die Runden.

Wenn ich einige Tage am Stück frei hatte, ging ich zum Tengelmann. Hinter dem Gebäude wurden die gerade abgelaufenen Lebensmittel entsorgt. Dort lag ein wahres Schlaraffenland im Container. Essen war für mich nur noch eine sekundäre Notwendigkeit: Es ging vielmehr ums Überleben.

Genießen werde ich später, sagte ich mir, wenn alles geschafft sein würde und ich mich auf dem Markt etabliert habe. Daran glaubte ich fest und motivierte mich ebenso.

Am 25. Dezember stand mein Vater wie versprochen vor der Tür und wir begannen, die restlichen anstehenden Arbeiten zu bewältigen.

Er brachte auch die Hausnummer an der Hauswand an. Wenn ich heute an ihr vorbeigehe, erinnert sie mich an diese Zeit der harten Arbeit und des vollen Einsatzes für mein Refugium.

Und dann stand Silvester vor der Tür. Wir hatten es tatsächlich geschafft. Mein Vater fuhr nach Hause und ich feierte wieder ganz allein in meinem Refugium, zog es jedoch diesmal vor, zu Hause zu schlafen.

Am 3. Januar rief ich die Leute vom Bauamt an, sie möchten mir bitte noch eine Woche Verlängerung geben, da sich meine Bauarbeiten verzögert hatten und der Umzug vom Sachsenlager ins Refugium erst später stattfinden konnte. Sie genehmigten es. Die Heizungsbauer kamen am 5. Januar. Innerhalb eines Tages zogen wir den Umzug durch, alles mit meinem alten Polo, und am 7. Januar konnte ich eröffnen.

Es war kaum zu glauben. So glücklich war ich selten zuvor.

Am ersten Tag kamen viele Stammgäste und begutachteten mein neues Refugium. Es war zwar noch recht spartanisch eingerichtet, da mir das Geld zwischendurch ausgegangen war, aber sie sahen und bewunderten die Leistung, die dahinter steckte. Ich zeigte auch Fotos vor dem Umbau.

Einige waren auch schon während der Umbauphase kurz hereingeschneit. Die allermeisten waren sprachlos und trauten mir das nicht zu. Das bekommst du nie in drei Monaten fertig, war die gängige Meinung. Tata! Aber ich hatte es geschafft. Nur zu welchem Preis? Einen kleinen Nervenzusammenbruch, viele Tränen, und ach, welch schöner Nebeneffekt, 10 Kilogramm leichter.

Um Kosten zu sparen und meinen Kredit schneller bezahlen zu können, beschloss ich, meine Wohnung zu kündigen und zog in das Rosenzimmer im Untergeschoss. Das heutige Entree wurde übergangsmäßig mein Wohnzimmer.

Das Rosenzimmer hatte nur ein kleines Fenster, allerdings ohne Tageslicht, da es nur ein Luftschacht war. So lebte ich zwei Jahre oder, besser gesagt, schlief dort. Manchmal wusste ich nicht, ob es Tag oder Nacht war. Da mein Gehirn das Schlafzimmer in meiner Wohnung abgespeichert hatte, kam es in der Anfangszeit nicht mit den neuen Gegebenheiten zurecht. Hier im Untergeschoss schien immer Nacht zu sein. Es gab auch keinen Lichtschalter, lediglich ein Verlängerungskabel an dessen Ende sich ein Dreifachstecker befand mit einem Knopf zum Anknipsen einer Lampe am Eingang des neuen Schlafdomizils. Ich musste immer erst aufstehen und im Dunkeln den Stecker suchen, bis ich alles sehen konnte. Oft wachte ich auf und wusste nicht, ob ich aufstehen musste für den Frühdienst.

Die ersten Wochen lief ich mehrmals orientierungslos den Lichtschalter suchend mit dem Kopf gegen die Wand. Nach der vierten Beule beschloss ich, mir eine Taschenlampe ans Bett zu legen. Aber wie oft hatte ich sie woanders liegen lassen und es folgten weitere Beulen. Durch Schmerzen lernt man schneller und künftig bekam die Taschenlampe tatsächlich ihren festen Platz neben meinem Kopfkissen.

Da ich über zwei Eingänge verfügte, nutzte ich damals den Eingang zur Neuhofstraße 47. Die Weberstraße 45 wurde erst zwei Jahre später zum Haupteingang.

Inzwischen hatte ich meine Stelle im Krankenhaus auf eine Dreiviertel-Stelle reduziert und konnte neben den Massagen noch viele Seminare und Ausbildungen im tantrischen Bereich absolvieren.

In Engelskirchen besuchte ich Tantraseminare bei Lucian Loosen und im Odenwald bei Rakendra. Viele Wochenendausbildungen verbrachte ich in Köln im Osho Uta Institut für spirituelle Therapie und Meditation.

Die Basics zu kennen und zu verinnerlichen war mir sehr wichtig: Einerseits für mein Tantra-Refugium, andererseits aber auch um mich selber weiterzuentwickeln und zur persönlichen Erweiterung meines Horizonts.

Im Haus gab es leider auch Ärger mit den Nachbarn, die liebe Familie Belucci. 1998 sollte das außenliegende Kaminzimmer, ein Anbau am Haus, ein neues Dach bekommen. In dieser Zeit hat Familie Belucci beim Bauamt einen Antrag zum Bau einer Terrasse gestellt. Ja, auf meinem Dach. Alle Bewohner bejahten dieses Unterfangen und sie beredeten mich, auch zuzustimmen. Um des lieben Friedens willen machte ich es. In der Hoffnung, sie würden mich danach endlich in Frieden lassen.

Ich musste mich an den Kosten beteiligen, da das Dach – angeblich – extra für mich speziell gedämmt werden musste. Leider waren es 3500 Mark rausgeschmissenes Geld, da die Familie auf die Terrasse Fliesen legen ließ. Bis zum heutigen Tag werden dadurch meine Massagen, zum Beispiel durch lautes Stühle rücken oder laufenden Personen, extrem gestört.

Viele Jahre später, mein Rechtsanwalt hatte Erkundigungen beim Bauamt eingeholt, erfuhren wir, dass der Antrag echter Betrug war. Der Terrassenaufbau sollte laut Antrag auf dem Garagendach stattfinden und keineswegs auf meinem Praxisdach. Die Garage befand sich allerdings am Eingang zur Neuhofstraße. Da nach der Baumaßnahme einigermaßen Frieden im Haus herrschte, legte ich keine Revision gegen den Antrag ein. Ich hob aber das Aktenzeichen von diesem Fall auf und könnte jederzeit das Bauamt darauf aufmerksam machen.

*

Heute hatte ich wieder einen ausgefüllten Tag. Drei Stunden Massage. Das bedeutet volle Konzentration. Ich arbeite stets ein schönes Programm aus, da Stammgäste niemals die gleiche Tantramassage erhalten. Sonst würde es auf Dauer für sie und für mich zur Routine. Und ich hasse Routine. Vor einem Jahr nahm ich auf der Paracelsus-Messe in einem Saal die Klänge einer Klangliege wahr. Zack stand ich an diesem Verkaufstand. Gerit hatte mir vor einigen Jahren einmal eine solche Klangliegensession geschenkt. Ich war hin und weg gewesen, aber damals schien mir diese Anschaffung exorbitant teuer. Außerdem: Was mir gefällt, musste noch lange nicht den Gästen gefallen.

Aber jetzt war es soweit. Ich kaufte dieses Heilinstrument und stellte es im Refugium in einen kleinen Raum, gleich neben dem Kaminzimmer.

Peter, mein 3-Stunden-Gast, erhielt ein 20-minütiges Spiel auf der Klangliege. Diese Bank ist aus speziellem Weichholz, so dass die Klänge und starken Vibrationen in den Körper weitergeleitet werden und die Empfindung eines Konzertes für Körper, Geist und Seele entsteht.

Ich saß unter der Bank auf einem Schemel und zupfte oder strich die vielen Seiten, die unter der Bank angebracht sind. Indische Musik von der indischen Sitar, einem Zupfinstrument, war zu hören. Es war für mich echte Anstrengung, da ich die Arme immer hoch halten muss, um das Instrument zu spielen.

Wenn man auf der Klangliege die Musik genießt, fühlt es sich an, als läge eine weiche Glocke über einem. Sie umschmeichelt den gesamten Körper, löst die Blockaden und bringt ein wunderschönes Gefühl.

Mein Gast Peter fühlte sich anschließend völlig aufgelöst und schwebte. Ich führte ihn in das warme, mit Rosenblüten gefüllte Wellnessbad. Während er hinein stieg, stellte ich leise Musik an. Danach gingen wir ins Kaminzimmer und die eigentliche Tantramassage begann.

*

Nachdem ich nun alles geschafft hatte und den Menschen eine Bereicherung durch meine Tantramassagen schenken konnte, fühlte ich mich oft leer und sehnte mich nach einem Partner. Mehr und mehr bekam ich das Gefühl, alles zu geben, dabei aber selber auf der Strecke zu bleiben.

Ich besuchte Singlegruppen mit der großen Hoffnung, jemanden zu finden, der zu mir passt und in den ich mich verlieben könne. Auf diesem Markt gab es extreme Qualitätsunterschiede und ich suchte sehr lange, bis ich auf den Freizeitclub Frankfurt stieß. Hier fühlte ich mich wohl. Alle Altersklassen aus allen möglichen Berufen waren hier vertreten. Es gab einen Stammtisch und wir unternahmen sehr viel zusammen.

Einen sehr netten Verehrer hatte ich schnell, der mir kaum mehr von der Seite wich. Ralf schien mir aber zu jung zu sein mit seinen gerade einmal 19 Jahren und er trug eine Zahnspange. Er stammte aus der Gegend von Miltenberg und machte ein Praktikum bei einer Werbefirma in Frankfurt.

Es schmeichelte mir sehr, aber außer dass ich Ralf echt mochte und er intellektuell weiter war als seine Altersgenossen, war ich nicht verliebt. Trotzdem blieb er hartnäckig und so kamen wir doch zusammen, da wir beide ein großes Zärtlichkeitsdefizit aufwiesen. Hier war er wieder, der **Schrei nach Liebe**, Geborgenheit und Sex.

Und Ralf war richtig gut für sein Alter. Alle Achtung!

Obgleich ich ihm immer gesagt habe, wenn ich den Richtigen treffe und mein Herz Flammen schlägt, gehen wir in aller Freundschaft neue Wege, hatten wir eine sehr schöne Zeit zusammen.

Und dann kam der Juni. Ich hatte mal wieder ein Seminar gebucht und als ich losfahren wollte, spürte ich Ralfs Angst. Er wollte mich mit allen Mitteln zurückhalten, aber ich fuhr.

Zu Rakendra in den Odenwald. Und ein neuer Lebensabschnitt sollte für mich beginnen.

12

Eine neue Liebe

Als ich im Odenwald ankam, lag ein wunderschönes Seminarhaus vor mir. Ich stieg hektisch aus dem Auto, war spät dran. Die Gruppe saß bereits zusammen und die Teilnehmer hatten sich schon vorgestellt.

Ich stieß hinzu und alle musterten die abgehetzte Wera. „Komm erst mal an", sagte Rakendra. „Trinke einen Tee und stelle dich vor."

Ich schaute in die Runde. Ein Mann fixierte mich mit einem schelmischen Lächeln. Beim warm up tanzten wir zu einer energetischen Musik. Er umtanzte mich und ich spürte eine ganz besondere Anziehungskraft zu ihm. Wir ließen uns nicht mehr aus den Augen.

Dann stellten sich die Frauen in einer Reihe vor den Männern auf und die Shivas (Männer) durften sich eine Partnerin für die kommende Übung aussuchen. Es war eine Massagesession, die den gesamten Vormittag dauern würde.

Leider kam mein Auserwählter einen Schritt zu spät und ein anderer Mann ihm zuvor. Wie schade!

In der Pause fanden wir aber ganz schnell zusammen und – als würden wir uns schon lange kennen – unterhielten wir uns über Gott und die Welt. Er hatte einen Obstkorb und Sekt mitgebracht. Obwohl Alkohol während des Seminars verboten war, tranken wir trotzdem einen Schluck. Er hatte etwas Lausbubenhaftes im Gesicht und trotzdem traurige Augen. Wir frotzelten miteinander und genossen die Pause zusammen.

Ich bat Meister Rakendra, die Partner zu wechseln. Nur für uns beide. Aber das sollte nicht sein. Während wir alle wieder mit der Massage beschäftigt waren, schaute ich ständig in die andere Ecke. Er erwiderte meine verzehrenden Blicke. Wir konnten unsere Augen nicht voneinander lassen.

Endlich war Mittagspause und wir trafen uns wieder. Wir spürten beide diese Magie, die uns umgab. Seine Umarmung sprühte Feuer, loderndes Feuer. Und von da an, war mir klar: Es gab sie doch noch, die Liebe auf den ersten Blick.

Rakendra kam an meine Seite geschlichen. „Ich spüre eine ganz besondere Energie bei euch", sagte er. „Ich wünsche euch ganz viel Liebe".

Am Ende des Tages fuhren alle nach Hause, um am nächsten Tag wieder hier zu sein. Wir beide umarmten und verabschiedeten uns schier endlos und vergaßen im Liebestaumel, unsere Telefonnummern auszutauschen.

Am nächsten Morgen saßen alle im Kreis. Ich auch. Und zwar voller Sehnsucht. Wir begrüßten uns. Nur einer, meine Hauptperson, kam nicht.

Es verging eine Stunde. Und noch eine. Es wurden zermürbende Stunden. Stunden der Unendlichkeit.

Irgendwann schaute ich hoch und er stand plötzlich vor mir. Mein Herz schlug wie wild.

Ich war auf Wolke sieben und schwebte im Rausch der Endorphine. Später tauschten wir vorsichtshalber unsere Telefonnummern und trafen uns in der folgenden Woche. Er hieß Gerit und lebte in der Nähe von Mainz.

Nun hieß es Abschied nehmen von Ralf, meinem Jüngling, der eine Vorahnung gehabt hatte, als ich zum Seminar gefahren war. Er war unendlich traurig, respektierte es aber. Gerit und ich gingen noch einige Zeit in meine Freizeitgruppe. Eines Abends, die Gruppe veranstaltete ein Lagerfeuer am See, da kam leider auch Ralf dazu. Er wollte seinen Widersacher kennenlernen und sehen, ob ich in guten Händen war. Er war so deprimiert, dass er in den See gehen wollte. Also nicht zum Schwimmen. Ich konnte ihn gerade noch davon abhalten und hielt ihn sehr lange im Arm. Wir verabschiedeten uns. Für immer.

Mit Gerit hatte ich die große Liebe meines Lebens gefunden, es begann eine wundervolle Zeit. Er unterstützte mich, wo er konnte, war handwerklich so begabt, dass er alles im Refugium reparierte oder neu anbrachte. Er hatte zum Glück keine Einwände gegen meine Passion. Es war ja nicht gerade einfach, einen Mann zu finden, der damit leben konnte, wenn seine Frau den Beruf einer Tantra-Masseurin mit voller Leidenschaft ausübte.

Nach einem Jahr zogen ich und Gerit zusammen in die Nähe von Mainz. Ich wäre ihm auch bis ans Ende der Welt gefolgt.

Inzwischen hatte ich meine Stelle auf 20 Stunden die Woche reduziert und daher sehr viel Zeit für meine Massagen und Gerit.

Mein Tantra-Refugium war meine absolute Erfüllung. Ich ging voll und ganz in meiner Arbeit auf. Alles schien so friedlich, bis es an der Weberstraße und gleichzeitig an der Neuhofstraße (ich hatte damals zwei Eingänge) klingelte. Da standen die zwei Freunde vom Ordnungsamt. Die gleichen wie schon einmal in meiner ersten Massagepraxis.

Sie zeigten ihre Ausweise und wollten nur mal nach dem Rechten sehen und klärten mich über den eigentlichen Grund ihres Besuches auf. Es sei ein anonymer Brief eingegangen. In diesem Haus sei ein Puff. Wenn es einer wäre, dürfte er nicht in einem Wohngebiet, sondern nur in einem gewerblichen Mischgebiet oder im sogenannten Sperrbezirk liegen.

Mir fiel sofort das Lied der Spider Murphy Gang, „Skandal im Sperrbezirk", ein. Ich musste lachen, zeigte ihnen mein gesamtes Refugium und sie entschuldigten sich.

Solche Besuche der beiden und auch von anderen Mitarbeitern sollten sich noch viele Jahre bis 2004 wiederholen, weil jemand anonym Briefe an die Behörden schrieb.

Die Beamten bekamen immer einen Kaffee von mir und wir unterhielten uns sehr nett über den Werdegang meiner Praxis. Es war stets eine entspannte Stimmung.

*

Eines Tages kam ein mir unbekannter Gast. Mir fiel sofort auf, dass er stark depressiv wirkte. Ich geleitete ihn in mein Kaminzimmer und dort offenbarte er mir, er wolle sich diese Massage als letztes Geschenk machen.

Letztes Geschenk? Was sollte das bedeuten? Ich wurde hellhörig, hatte aber keine Zeit, mir weitere Gedanken darüber zu machen, denn plötzlich fing er an, bitter zu weinen. Er stotterte, das Leben habe keinen Sinn mehr für ihn.

Sofort begriff ich, dass Manfred, so hieß er, akut suizidal war. Ich konnte ihn keinesfalls einfach wieder auf die Straße lassen. Morgen würde ich sicher einen Artikel über einen Selbstmörder in der Zeitung lesen. Das durfte nicht geschehen.

Ich ging zu meiner Eingangstür und hängte einen Zettel daran: „Praxis heute wegen Überfüllung geschlossen". Das war kein Problem, da ich damals nur zu 50 % auf feste Termine und zu 50 % auf spontane Besucher arbeitete.

Ich führte Manfred in das Entree. Wir saßen am Tisch beisammen und ich ließ ihn reden. Einfach reden. Er redete sich alles von der Seele. Ich hörte still zu, gab keinen Kommentar ab.

Er zitterte und weinte. Ich konnte Männer nicht weinen sehen, es berührte mich extrem, so dass ich mich echt zusammenreißen musste, um nicht mit zu weinen. Ich nahm ihn in den Arm und hielt ihn sehr lange. Er sprach einfach weiter, während ich seine Hand hielt.

Durch die Krankenhausarbeit in der Psychiatrie auf der Privatstation, die Arbeit mit manisch-depressiven Patienten und Suchtkranken, hatte ich bereits viele Schicksale erfahren, aber Manfred war ein Extremfall. Er hatte wirklich alles verloren.

Wir redeten stundenlang. Ich versuchte, ihm neue Wege aus der Krise aufzuzeigen und vor allem empfahl ich ihm, professionelle Hilfe im Krankenhaus anzunehmen. Ich konnte ihn auch überreden, sich stationär aufnehmen zu lassen, rief meine Stationsärztin an und schilderte den Fall.

Leider war er Frankfurter und die Städtischen Kliniken Offenbach nicht zuständig. Also rief ich die Uniklinik an und schilderte den Notfall.

Nach vier Stunden, die wir zusammensaßen, bekam ich sein Einverständnis, dass ihn ein Krankenwagen zur stationären Aufnahme in die Uniklinik abholen dürfe.

Manfred hat mich noch lange beschäftigt. Eine Weile später stand er mit einem riesigen Blumenstrauß vor meiner Tür, umarmte mich und gab mir einen dicken Kuss. Er bedankte sich für die Mühe, den Einsatz und die entgangenen Einnahmen, da ich für ihn die Praxis geschlossen hatte. Wenn ich nicht gewesen wäre, stände er heute mit Sicherheit nicht vor der Tür.

Nun war er auch in der Lage, eine Massage in guter Energie zu empfangen. Sein Geschenk an das Leben.

Seitdem kam Manfred einmal im Jahr zu mir und berichtete von seinem langsamen Aufstieg. Er hatte wieder einen Job und eine liebe Frau gefunden.

*

Es ist 20 Uhr und ich habe eben nur schnell zu Abend gegessen und zack sitze ich wieder am PC und mein Hirn sprudelt.

Beim Schreiben fühle ich mich so frei, so entspannt. Es gibt mir neue Energie. Ein ganz neues Gefühl.

Trotzdem beschleichen mich ab und zu Gedanken, wie es weitergehen wird, wenn es ein ebook geworden und in allen Online-Shops und auch bei amazon zu kaufen ist.

Wird es top? Oder ein Flop?

Kann ich dem Leser eine Botschaft vermitteln? Interessiert ihn dieses Thema? Kann ich ihn in den Bann ziehen? Wie fällt das Feedback aus?

Fragen über Fragen.

Mein Buchprojekt ist natürlich eine ganz neue Herausforderung, bei der nicht abzusehen ist, was sich daraus entwickelt.

Aber da ich ein positiv denkender und lebender Mensch bin, sage ich mir: Alles wird gut!

*

Immer öfter kamen Gäste aus der Gegend um Wiesbaden und Mainz und wünschten sich eine Tantra-Massage, da es in ihrer Region so etwas nicht gäbe.

Inzwischen hatte ich eine Mitarbeiterin, die gerade nach Wiesbaden gezogen war und jeden Tag den Weg nach Frankfurt antreten musste.

Da kam mir eine Idee. Ich suchte eine passende Immobilie in Wiesbaden und wurde fündig in der Friedrichstraße 55, mitten in der Einkaufsmeile. Hier entstand das Refugium 2 unter der Leitung von Clara.

Jetzt war es an der Zeit, meinem Krankenhaus auf Wiedersehen zu sagen. Am 9.5.1999 schrieb ich der Verwaltung meine Bitte, meinem Auflösungsantrag zum nächsten Monat zuzustimmen.

Ich gab meinen Ausstand auf der Station und alle wünschten mir viel Glück. Wobei ich sie im Dunkeln ließ, was ich genau machte. Einige meinten, na, die Wera kommt sicher wieder, wenn's nicht läuft. Auch Professor Bauer,

Chef der Klinik, verabschiedete sich persönlich von mir und wünschte mir alles Gute für die Zukunft.

Am letzten Tag ließ ich aus dem Krankenhaus eine Patiententasse mitgehen, eine jener Thermotassen, die den Kaffee lange warm halten. Inzwischen sieht sie schon sehr verranzt aus, aber ich trinke jeden Morgen aus ihr, in Gedenken an die Zeit im Krankenhaus. Ich denke dabei an meine Ex-Kollegen, überlege was sie gerade machen und freue mich, dass ich es geschafft habe.

*

In diesem Jahr kam die Werbefirma aus dem 10. Stock auf mich zu: Es sei wichtig, eine Homepage zu haben. Das sei die Zukunft und ich solle als eine der ersten dabei sein. So würde ich einen größeren Bekanntheitsgrad erreichen.

Ich war superskeptisch. Die wollten doch nur mein Geld. Und zwar nicht wenig. Es war damals nicht preiswert, eine Homepage erstellen zu lassen.

Aber da ich für alles Neue offen bin, hatte ich zwei Monate später eine eigene Homepage. In derselben Zeit kam Google auf den Markt. Ohne große PC-Kenntnisse habe ich ständig in Google Einträge für mein Refugium erstellt. So war ich von Anfang an dabei, bei der besten Suchmaschine der Welt, ohne im Geringsten zu ahnen, welche Ausmaße das annehmen würde. Denn plötzlich kamen Anrufe aus New York, South Carolina, Detroit, China, Neuseeland und Australien.

Oh Wera! Hättest du in der Schule doch besser in Englisch aufgepasst!

Aber damals stand für mich fest, ich wollte Kinderkrankenschwester werden. Die Kleinen schreien eh nur oder, wenn sie überhaupt sprechen können, dann eben Deutsch. Weit gefehlt. Ich hätte Türkisch und Arabisch dazu nehmen sollen.

Im Übrigen waren es oftmals ganz tolle Eltern, die unsere Arbeit im Krankenhaus zu schätzen wussten, und ich bekam sehr oft leckeres marokkanisches, türkisches oder persisches Essen mitgebracht.

Aufgrund der hohen Nachfrage, setzte ich mich abends hin und lernte wieder englische Vokabeln. Jetzt machte es mir wesentlich mehr Spaß als in der Schule, da ich ein Ziel hatte. Mein Bekanntheitsgrad erstreckte sich binnen kurzer Zeit, dank Google, weit über die Grenzen Deutschlands hinaus. Ich wurde so erfolgreich und es kamen so viele Termine rein, dass ich sie mit meinem Team nicht mehr bewältigen konnte. Also eröffnete ich Refugium 3 in der Oberlindau 5, gegenüber der BHF-Bank an der Alten Oper in Frankfurt.

Ich gewann Sabine aus dem Raum Limburg als Mitarbeiterin und übertrug ihr die Leitung des Refugiums 3. Jetzt begann eine Zeit der echten Herausforderung für mich. Jeden Morgen fuhr ich von Mainz nach Wiesbaden, alte Handtücher ins Auto, neue abgeben und weiter zur Oberlindau. Dort das gleiche Spiel. Kurz noch mit Sabine ausgetauscht und weiter zum Refugium 1 in die Weberstraße 45, wo schon die ersten Termine anstanden.

Abends kam ich geschafft nach Hause in Mainz zurück. Mein Liebster hatte oft für mich gekocht und das Essen stand auf dem Tisch. Und die Blumen, die ich in der Hektik manchmal übersah.

Oh no! Wurde ich etwa langsam oberflächlich?

Er hielt mir in dieser Phase den Rücken frei, übernahm den kompletten Haushalt und alles andere, was zu erledigen war. Er war mein Gott.

*

Meine Zweigstelle an der Alten Oper, Oberlindau 5, hatte einen großen Seminarraum, in dem auch Paarmassagen angeboten wurden, die ich bis dahin gemeinsam mit meinen Mitarbeiterinnen durchführte. Jetzt war es an der Zeit, mit Gerit zu arbeiten. Ich war ja frei und hatte mein Ego abgelegt. Dachte ich jedenfalls.

Aber es sollte anders kommen.

Ein junges, aufgeregtes und wissbegieriges Paar betrat den Raum, wir setzten uns und führten das Vorgespräch.

Ich fragte, wie ich es immer tat: „Was hat euch hierher geführt? Die Neugier? Wollt ihr etwas für eure Partnerschaft tun, euch bereichern, etwas Neues erfahren, um es dann in eurer Beziehung zu integrieren? Habt ihr Probleme in der Beziehung?" Bei einer Tasse Tee ließ ich sie einfach erzählen.

Danach begannen die tantrischen Rituale und wir fingen bald an zu massieren. Wir arbeiteten synchron nebeneinander. Er massierte die Frau, die auf dem Bauch lag. Ich massierte den Mann, der ebenso auf dem Bauch lag. Ich hatte Gerit ständig im Visier und konnte mich kaum auf meine Massage konzentrieren. In mir stieg immer mehr ein merkwürdiges Gefühl auf. Ich fühlte Anspannung, Angst und Wut und bekam Schweißausbrüche.

Warum? Normalerweise liefen meine Paarmassagen ganz entspannt ab.

Es war mein Ego. Ich hatte es doch noch. Und wie! Kopfmäßig hatte ich durch Tantra geschafft, es abzulegen. Aber in der Praxis sah es anders aus. Ich hatte massive Probleme es umzusetzen.

Mein armer Gerit! Ständig verfolgten ihn Weras böse und angespannte Blicke. Wie sollte er so entspannt arbeiten, zumal es seine erste Paarmassage war. Einzelne Frauen hatte er bereits massiert, aber da war ich nicht dabei. Nun aber musste ich es mit ansehen. Ich schnaufte, kochte vor Eifersucht und als es Zeit war, dass sich die beiden umdrehten, damit wir die Vorderseite massieren konnten, gab ich Gerit schon einmal nonverbal ein Zeichen zum Aufhören. Als er kurz darauf ihre Brust und ihren Bauch erst mit Federn, dann mit Öl streichen wollte, zeigte ich demonstrativ auf die Klangschale. Sie steht immer am Ende einer jeden Massage. Er sollte sie sofort auf die Herzgegend legen, damit er keinesfalls mehr ihre Brust berühren konnte.

Abbruch! Ständig ertönte in meinem Gehirn das Wort Abbruch!

Er schaute völlig verwirrt zu mir, musste aber synchron alles machen, was ich vorführte, ich leitete das Ende der Massage ein und wir massieren zum Schluss nur noch die Füße, damit die gebuchte Zeit eingehalten werden konnte.

Das arme Paar. Aber da es ihre erste Tantramassage war, wussten sie ja nicht, wie es wirklich abläuft. Im Nachhinein taten sie mir sehr leid. Wegen meiner Unzulänglichkeit und Eifersucht, hatten sie nur die halbe Tantramassage erhalten.

Zu Hause sprachen wir darüber. Ich konnte es selber nicht fassen, mit Gerit konnte ich keine Paarmassage mehr anbieten. Ich liebte ihn zu sehr, um mir das anzusehen. Und das, obwohl er so tolerant ist und mich meine Arbeit machen lässt.

Er war, glaube ich, schon viel weiter als ich. Ich nahm mir vor, weiter an mir zu arbeiten. So ging es nicht.

*

Und dann begann mein Traum von einer Meditations-CD. Ich hatte einen ganz lieben Stammgast, der Musiker war, verschiedene Gitarren spielen konnte und in Musicals mitspielte.

Der Stammgast erzählte mir, dass er ein Studio hatte, in dem viele Bands ihre CDs aufnahmen. Wow! Ein richtiges Tonstudio. Das fand ich toll. Und sofort schoss mir mein Traum von meiner eigenen gesprochenen Meditations-CD durch den Kopf. Den Text hatte ich vor Ewigkeiten, aber mangels Möglichkeit, eine CD aufzunehmen, in die Schublade gelegt. Tonstudios kann man nur für einige Stunden und für teures Geld mieten. Die Bearbeitung und alles was zur Produktion gehört verschlingen ein kleines Vermögen.

Ich erzählte meinem Gast von meiner Idee und wir handelten einen Freundschaftspreis aus. Einen kleinen Teil sollte ich in bar bezahlen, den Rest mit Massagen abarbeiten. Der Deal stand und auch der Studiotermin.

Es war echt spannend. So, wie ich es aus dem Fernsehen kannte. Ein richtiges Tonstudio, ein Pult mit 100.000 Reglern und eine lautlose Kammer, in der ich mit Kopfhörern stand und meine Meditation las. Mein Stammgast konnte es nicht glauben. Ich war innerhalb von 70 Minuten fertig. „Für einen Laien, hast du deinen Part perfekt gemacht. Nur sechs Mal verlesen, die Stimme im richtigen Moment angehoben oder abgeschwächt." Mein Tonfall sei sinnlich oder bestimmend, ich solle doch zum Rundfunk gehen oder ich hätte das Zeug zur Synchronsprecherin. Er hätte da Connections. Ich fühlte mich geehrt, aber meine Welt war und blieb Tantra.

Er spielte an den vielen Reglern, unterlegte meine Stimme mit Musik und fertig war die CD.

Ab sofort spielte ich in der Nachruhephase der Gäste meine gesprochene Meditation. Oft lagen dabei viele in sich gekehrt und weinten leise, da sie sich wiedererkannt hatten. Oder aber freuten sich, da sie gerade eine Lösung für ihr Problem gefunden hatten. Ich war erstaunt, was meine Meditation alles auslösen konnte.

*

In meinen Massagepraxen kam es leider unter den Frauen zu Eifersüchteleien, die ich schlichten musste. Wenn das nicht half, tauschte ich die Frauen innerhalb der Zweigstellen aus. Diese Konflikte und die Schlichtung bereiteten mir mehr Stress als mein eigentlicher Job. Denn die Massagen schenkten mir viel Ruhe und Ausgleich. Und natürlich meine große Liebe Gerit.

Ich habe in diesen Jahren sehr sparsam gelebt und meine Kredite fast zurückzahlen können, da ich immer die Befürchtung hatte, es könnte eine Wirtschaftskrise kommen. Bis es soweit war, wollte ich alles in trockenen Tüchern haben.

Diese Angst hat mich oft zerfressen, obgleich die Geschäfte gut liefen. Aber ich hatte immer im Hinterkopf die Horrorvision, eines Tages, wenn's mal ganz schlecht laufen sollte, wieder im Krankenhaus arbeiten zu müssen.

Diese Angst verließ mich nie ganz. „Wera, Liebste", sagte Gerit einmal. „Hör auf, es geht dir doch gut. Angst frisst Seele auf."

Ich sollte leider recht behalten. Am 11. September 2001 veränderte sich die Welt. Es kam zur Wirtschaftskrise und das ging auch an mir nicht spurlos vorbei. Meine Horrorvision wurde Realität, aber ich handelte rasch, um mein Lebensziel nicht zu gefährden oder gar zu verlieren. Zuerst schloss ich die Zweigstelle Wiesbaden, dann die Oberlindau. Allerdings war das auch wegen Bauschäden nötig geworden, bedingt durch den Abriss des Zürich Hochhauses.

Es sollte alles so sein. Warum Dinge so laufen, wie sie eben laufen, hat ja bekanntlich einen tieferen Sinn. Das Schicksal kann niemand beeinflussen.

Meine Entscheidungen waren mir nicht leicht gefallen, aber goldrichtig. Denn die Krise hielt an und wurde sogar noch schlimmer. Trotz vieler Versprechungen von der Regierung, es werde nächstes Jahr alles wieder besser, ist davon bis heute nichts zu spüren.

Ich konzentrierte mich fortan auf die Weberstraße und lebte damit wesentlich entspannter. Besuchte zusätzlich Seminare und Fortbildungen, erweiterte meinen Horizont und sah zu, dass es mir privat und geschäftlich gut ging.

Für mich und meine Arbeit wurde es zunehmend wichtig – neben den Tantramassagen – ein Vertrauensverhältnis zu den Gästen aufzubauen. So konnten sie sich mehr und mehr und tiefer fallen lassen.

Nahezu von jedem kenne ich die Lebensgeschichte. Sie erzählen oft ihre Probleme von zu Hause oder aus der Firma. Bei mir können sie so ein Stück mehr loslassen und im Gespräch eigene neue Wege finden, ohne dass ich Lösungen vorgebe.

Ich frage nur: Wie würde es aussehen, wenn...

Oder: Hast du schon mal daran gedacht, wie der andere sich fühlt, wenn...

Auch: Schaue dir die Situation als Außenstehender an und lasse sie wie einen Film ablaufen und beurteile sie danach...

Im Laufe der Jahre hat sich meine Arbeit als Masseurin verschmolzen mit Gesprächstherapie und zu einem ganzheitlichen Refugium für Körper, Geist und Seele entwickelt.

*

Gerit und ich meldeten uns bei Cornelia Curi und Frank Kühnecke für eine NLP Ausbildung an. In diesem Seminar saßen nur Banker, Manager und ähnliches Klientel. Ich war die einzige Kinderkrankenschwester und Tantrameisterin.

Von der Arbeit im Refugium erzählte ich anfangs aber erst mal nichts.

*

Was ist NLP? Das Neuro-Linguistische Programmieren (kurz NLP) gilt als bedeutsames Konzept für Kommunikation und Veränderung. Der Name NLP verbindet Erleben, Kommunikation und Verhalten: Neuro steht für die sinnliche Wahrnehmung wie sehen, hören, riechen, schmecken und fühlen. Linguistisch steht für Sprache, mit der wir unsere Erfahrungen austauschen und zwar nicht nur verbal, sondern ebenso nonverbal, durch Gestik, Mimik, Körperhaltung und Symbolik. Programmieren steht für das Durchlaufen von Lernprozessen durch aufeinander aufbauende Erfahrungen. Es zeigt die Erweiterung des Weltbildes durch das Entdecken neuer Wahlmöglichkeiten im Verhalten auf und dadurch, die Befreiung aus Einschränkungen, die wir durch gemachte Erfahrungen gespeichert haben.

NLP untersucht diese Muster oder die »Programmierung«, die durch die Interaktion zwischen dem Gehirn (Neuro), der Sprache (Linguistic) und dem Körper kreiert wird, und die sowohl effektives als auch ineffektives Verhalten produzieren können. Basierend auf Studien und Modellen der menschlichen Wahrnehmung und Informationsverarbeitung macht NLP bewusst, welche Faktoren unser Erleben steuern und wie wir unsere Erfahrung selbst erschaffen. Die Handlungsmodelle des NLP dienen einer Verbesserung der zwischenmenschlichen Kommunikation sowie der persönlichen Entfaltung. Es geht um persönliche Veränderung.

NLP zu lernen macht Spaß, weil es Menschen weiter bringt. Plötzlich gibt es neue Betrachtungsweisen für vermeintlich festgefahrene Wertungen.

*

Die NLP-Ausbildung sollte unser Leben bereichern. Sie hat ermöglicht, uns noch genauer auf das Weltbild und die Realität unseres Gegenübers einzustellen, zu kalibrieren, uns flexibler dem ständigen Wandel unserer Gesellschaft anzugleichen und zu stellen.

Auch hat sie unsere Toleranz und Flexibilität im Umgang mit Menschen der unterschiedlichsten Kulturen und Herkunft erweitert.

Sie erleichterte uns, unser eigenes Verhalten zu analysieren, zu hinterfragen und gegebenenfalls zu verändern, die Wahlmöglichkeiten unseres Verhaltens zu erhöhen und mehr Spaß in das zu bringen, was einen täglich beschäftigt.

Ob beruflich oder privat, mich persönlich hat NLP vorwärts gebracht im Denken und Handeln. Ich konnte meine Ziele, erfolgsorientierter erarbeiten und besser erreichen.

Erst am Ende der Ausbildung outete ich mich, wer ich wirklich bin. Einige schauten kritisch, andere waren sehr positiv gestimmt. Und wieder andere kamen sogar zu meiner Massage

*

Ein Jahr später wurde mir von einigen NLP-lern eine wertvolle Karte für eine Veranstaltung in der Festhalle angeboten. Ein Motivationsguru, Anthony Robbins, trat auf.

Ich hatte bis zu dem Tag noch nie etwas von ihm gehört oder gelesen.

Es sollte ein Wochenende werden, das mein künftiges Leben noch positiver veränderte. Anthony Robbins sprach über die Macht der Gedanken durch Konzentration. Durch Konzentration könne man sein Leben neu gestalten, unvorstellbares Glück erlangen und seine Leistung deutlich steigern. Er erklärte, wie man Möglichkeiten in sich weckt, von denen man nicht zu träumen gewagt hätte. Wie man diejenigen überzeugt, mit denen man verkehrt, und ohne viel Mühe Großes erreichen kann.

Die Festhalle kochte. 3.000 Menschen gerieten in euphorische Stimmung. Es loderte im Publikum, das Feuer der Menschen, die so beeindruckt waren von ihrem Meister. Er war ein 2,01 Meter großer imposanter Amerikaner, der alle in seinen Bann zog, so dass jeder für sich etwas mit nach Hause nehmen konnte.

Während der Seminartage bekamen wir jede Nacht nur vier Stunden Schlaf, da wir uns anschließend in der Bar vom Frankfurter Hof trafen und feierten. Wir feierten uns, das Leben, die neuen Erkenntnisse. Ein Wochenende voll explosiver Energie.

An einem Nachmittag kam der Riese Anthony auf mich zu und wir machten vor allen eine Übung, dann hob er seine riesengroße Hand und sagte: „Give me five!" Ich schlug ein und meine kleine Hand versank und verschwand in seiner.

Abends, die Sonne war am untergehen, wurden 8 Spuren mit glühender Kohle gelegt, jede etwa 5 Meter lang. Vorher begaben sich fast alle Teilnehmer in eine zweistündige Meditation. Dann liefen alle über die Kohlen, ohne sich die Füße zu verbrennen. Nur wenige wurden in die Uniklinik gefahren. Das waren die Teilnehmer, die nicht daran glaubten und sich lächerlich darüber gemacht hatten.

Meine Füße waren nicht einmal schwarz.

Die Essenz der ganzen Veranstaltung war für mich: Du kannst jedes Ziel erreichen, wenn du an dich glaubst und es umsetzt, durch die Macht der Gedanken. Das hatte ich ja schon Jahre vor der Veranstaltung getan.

*

Ich habe gestern einige Personen um Erlaubnis gebeten, sie im Buch namentlich erwähnen zu dürfen, da so etwas in den Bereich der Persönlichkeitsrechte fällt.

Dazu hatte ich ihnen vorab eine Leseprobe gesendet. Sie waren total begeistert wie ich schreibe. Es würde sie von der ersten Seite an in den Bann ziehen. Es sei spannend, sinnlich und erotisch geschrieben. Und vor allem: authentisch. Das bestärkt mich jetzt noch mehr und bringt mich in einen leichten euphorischen Zustand.

13

Das Fernsehen

2003 rief mich der Sender VOX an und fragte, ob sie über meine Arbeit eine Reportage drehen dürften. Sie hätten meine äußerst interessante Homepage gesehen und wollten mich, oh Gott ja mich, für die Sendung ‚Wahre Liebe' mit Lilo Wanders.

Ich stimmte sofort zu und wir vereinbarten einen Termin, an dem eine Crew mit fünf Leuten, Kameramann, Beleuchter, Interviewerin, und Techniker, vor meiner Tür standen.

Ein spannender Tag begann. Die Darsteller waren echte Masseurinnen von mir und ein Stammgast, der keine Probleme damit hatte, ins Fernsehen zu kommen. Vorher hatte er den Dreh extra mit seiner Frau abgesprochen und ihr Einverständnis bekommen. Allerdings erst, nachdem sie mich persönlich inspiziert hatte.

Es wurden zehn lange Stunden Drehzeit für einen neunminütigen Beitrag. Ich war anschließend so platt, als hätte ich zwei Tage durch massiert.

Drei Monate später lief er im Fernsehen. Gerit und ich saßen im Wohnzimmer mit einer Flasche Sekt. Wir stießen auf meinen Erfolg an. Es war ein unglaublich schöner Moment, mich selbst im Fernsehen zu sehen. Vorab hatte ich den fertigen Beitrag nicht zu sehen bekommen.

Am nächsten Tag beim Einkaufen sprach mich glatt die Kassiererin im Supermarkt darauf an. Und in unserem Lieblingsrestaurant fielen die Blicke aller Gäste auf mich, als wir eintraten. Jemand kam sogar auf mich zu und wollte, dass ich ihm helfe. Er hätte da so ein Problem. Ich bat ihn, einen Termin in meiner Praxis auszumachen. Ich wollte jetzt gerne essen.

14

Hilfe, Polizei!

Alles schien so schön zu laufen. Doch dann kam er wieder auf, der Neid und Hass der anderen. Diesmal leider in meinem Haus in der Weberstraße. Die liebe Familie Belucci, ja, genau die mit der Terrasse, machte mir wieder mal, genau wie damals Herr A. das Leben zu Hölle. Auf offener Straße pöbelte mich Herr Belucci an. Er und seine einfach gestrickten Freunde beschimpften mich als Hure. Ich solle aus diesem Haus verschwinden. Seine Frau und auch die Kinder standen ihm in nichts nach. Sie schoben oft ihre minderjährigen Kinder vor, da sie noch nicht strafmündig waren. Der Sohn der Familie hatte sein Kinderzimmer direkt über meinem Behandlungszimmer und bei geöffnetem Fenster spielte er laute Rappmusik und drehte die Bässe extrem auf, so dass sämtliche Behandlungszimmer, selbst im Untergeschoss, vibrierten.

Er beschallte oft die ganze Weberstraße. Wegen der Ruhestörung rief ich die Polizei, aber sie konnten nichts unternehmen, denn sobald sie die Verwarnung gegen ihn ausgesprochen hatten und weggefahren waren, drehte er die Anlage wieder auf. Dieser Zustand hielt jahrelang an.

So hat er viele Massagen zerstört. Manche Klienten verkürzten die Massagen, da man so nicht abschalten konnte, oder sie gingen sofort wieder. Die ganze Sache entwickelte sich zum Spießroutenlauf für mich. Es kam sogar zu Handgreiflichkeiten von seiner Seite, der Sohn war mittlerweile 16 Jahre alt. Meine Klingel wurde zerstört und die Dellen an meiner Eiseneingangstür sind heute noch zu sehen. Ich ging abermals zur Polizei, konnte dadurch eine Massage nicht wahrnehmen, und erstattete diesmal Anzeige. Es kam zum Gerichtstermin und ich war sprachlos über die Vorgehensweise der Richter. Alle Beluccis wurden vernommen. Und dann ich.

„Sie haben eine Homepage, auf der nackte Bilder von ihnen zu sehen sind", so der Richter. „Erotische Fotos. Das ist anstößig."

„Ich war niemals nackt zu sehen auf der Homepage, nur topless", antwortete ich. „Das eine hat mit dem anderen nichts zu tun. Es gibt dem Jungen nicht das Recht, mich so zu drangsalieren." Außerdem, fügte ich hinzu, seien in jeder Tageszeitung und an vielen Litfaßsäulen barbusige und bierglasschwenkende Frauen (Naddel) zu sehen.

Frau Belucci, die während der Verhandlung hinter mir saß, flüsterte mir während der Vernehmung bösartige Dinge zu, so dass ich mich kaum auf den Richter konzentrieren konnte. Ich wies ihn darauf hin, dass ich von dieser Frau im Nacken übelst angemacht werde, bis er sie aufforderte, dies zu unterlassen, sonst müsse sie den Saal verlassen. So etwas Hasserfülltes wie diese Leute hatte ich noch nie erlebt.

Der Sohn der Beluccis wurde zwar verurteilt, aber er musste lediglich für den Schaden an einen gemeinnützigen Verein zahlen. So genau weiß ich es nicht mehr. Was war das für eine Rechtsprechung? Ich war empört.

Die ganzen Vorfälle waren reine Provokation gegen mich und meine Arbeit mit dem Ziel, mich zu boykottieren. Warum konnte man mich nicht einfach in Ruhe arbeiten lassen? Im Gegensatz zu früher, als es im Erdgeschoss eine Kneipe gegeben hatte, oft bis zwei Uhr nachts lautes Publikum zu hören war und das Treppenhaus verqualmt roch, herrschte doch Ruhe im Haus. Nur ganz leise meditative Musik und der Duft von Räucherstäbchen war wahrnehmbar.

Aber nein, die wollten Krieg und ich Frieden.

Das ganze gipfelte darin, dass sie es eines Tages schafften, die Polizei anonym auf mich zu hetzen. Es klingelte an beiden Eingängen gleichzeitig, ich öffnete und vorne und hinten marschierten vollbewaffnete Einsatzkräfte, fünf Männer und eine Frau vom LKA herein.

Oh je! Ich hatte doch nichts verbrochen.

Sie inspizierten alle Räumlichkeiten aufs Genaueste und waren auf der Suche nach illegalen Frauen aus dem Osten.

Sie fanden aber nichts und ich fragte empört, wer für diese Aktion, unsere Steuergelder so unvernünftig aus dem Fenster zu werfen, verantwortlich sei.

Aber sie schwiegen. Ich solle mich an den Oberpolizeimenschen wenden, dessen Telefonnummer sie mir gaben. Ich rief an und sprach mit ihm ganz ruhig, obgleich ich mich mal wieder im Schockzustand befand, klärte ihn über meine Arbeit auf und betonte, dass ich ein ehrlicher Bürger und Steuerzahler ohne Vorstrafen sei.

Zur Strafe musste die gesamte Einsatztruppe meinen VOX-Beitrag auf Videokassette 9 Minuten lang ansehen. Auch damit sie künftig wussten, wen sie vor sich hatten. Einige der Polizisten fanden den Beitrag überaus ansprechend und kommentierten ihn: „Na, das wäre doch mal eine echte Option, so eine Massage zu besuchen." Alle entschuldigten sich bei mir, aber sie mussten allen anonymen Hinweisen nachgehen. Allerdings teilten sie mir nie mit, wer hinter den anonymen Anzeigen steckte.

*

Inzwischen ist es soweit, dass ich lieber schreibe als zu massieren. Welch ein Wandel!

Eben kam per Handy ein Termin um 11 Uhr rein und im Anschluss noch einer um 13 Uhr, dabei hätte ich jetzt so gerne den ganzen Vormittag geschrieben.

Ich vergesse sogar zu frühstücken. Eben zeigt mir mein Magen, dass er auch noch da ist. Er knurrt ganz schön laut, also jetzt erst einmal frühstücken.

*

In den Pausen stand ich oft an der Eingangstür zu meinem Refugium und genoss die Sonne. Einmal kam ein Mann auf mich zu und erzählte mir, was gewisse Personen im Viertel über mich verbreiteten. Natürlich alles böswillig. Ich mache aber einen solch lieben Eindruck, meinte er, und würde ihn auch immer auf der Straße nett grüßen, dass er nun das Bedürfnis hätte, mir die Geschichten zu erzählen.

Im Viertel machten Gerüchte die Runde, die Weberstraße 45 sei ein Bordell und ich würde illegale Frauen einsperren und zur Prostitution zwingen. Auch würde erzählt, ich schmuggle Waren, die ich hier illegal vertreibe. So entstand natürlich ein tolles Bild von mir. Große Klasse. Nun erklärte sich auch für mich, warum mich manche Nachbarn keines Blickes würdigten oder mich hasserfüllt anschauten.

Dabei konnte doch jeder Dank Google die Straße eingeben, meine aussagekräftige Homepage in Augenschein nehmen und sich selbst ein Bild machen. Trotzdem hielten sich die Gerüchte hartnäckig und die Bilder setzten sich in den Köpfen fest.

*

Noch im selben Jahr kam der Sender SAT 1 und wollten für Ulrich Meyers Akte 03 über mich berichten, nachdem sie den VOX-Beitrag gesehen hatten. Plötzlich taten sich Türen auf, von denen ich niemals auch nur geträumt hätte.

Der Beitrag für Akte 03 wurde gedreht. Es ging darin um einen Mann, der sein wertvollstes Stück als zu klein empfand. Doch ich behandelte ihn bei mir im Tantra-Refugium mit einer Gesprächs- und Klangschalentherapie und gab ihm dadurch neues Selbstbewusstsein. Nach dem Dreh war ich wieder mächtig stolz auf mich. Vor sieben Jahren hätte ich nie gedacht, so weit zu kommen, aber mein geheimster Traum war es schon.

Auch diesen Beitrag sah halb Deutschland und wieder klingelte mein Telefon danach Sturm. So viele Massagen wie in den darauffolgenden Monaten hatte ich lange nicht. Ich erhielt auch viele Emails mit Fragen an die Expertin. Sogar von einem schwulen Paar. Alle beantwortete ich gerne und ausführlich. So saß ich vormittags oft zwei Stunden am PC, nur um Emails und Fragen zu Beziehungskonflikten zu beantworten.

Ich war angekommen und gab den Menschen nicht nur körperliche, sondern auch mentale Unterstützung.

*

2008 rief mich RTL an. Sie wollten mich und meine Arbeit filmen.

Ich machte ihnen aber gleich und unmissverständlich klar, dass ich mich während der Aufnahmen nicht nackt zeigen werde, da ich Anfragen solcher Art von anderen Sendern schon des Öfteren bekommen hatte.

RTL jedoch ging auf all meine Wünsche ein und so kam es zu einem anstrengenden, zehnstündigen Drehtag.

Inzwischen war ich schon gar nicht mehr aufgeregt, bereitete mich auch nicht speziell vor und ließ alles auf mich zukommen. Ein befreundetes Pärchen stellte sich für den Film zur Verfügung. An ihnen führte ich eine rituelle Tantramassage vor und erläuterte jeden Griff dabei. Ich erklärte vor laufender Kamera, warum ich spezielle Punkte am Körper fester oder weicher massierte und welche positiven Wirkungen die einzelnen Handgriffe auf eventuelle Blockaden haben konnten.

Die Scheinwerfer waren wahnsinnig heiß und ich schwitzte. Zum Glück schminkte ich mich nicht so wild und so konnte nichts verlaufen. Die Maskenbildnerin, neudeutsch Visagistin, tupfte trotzdem ständig die glänzende Gesichtshaut nach.

Die Fragen, die mir gestellt wurden, beantwortete ich spontan. So kam ich wesentlich authentischer rüber, als wenn ich vorher alles einstudiert hätte.

Der Regisseur ließ die Szene häufig wiederholen, da ihm das Licht nicht so günstig erschien oder die Mitwirkenden husten mussten. Die Stunden zogen sich, aber es machte mir viel Spaß. Meine Freundin knipste während des Drehs auch ein paar Erinnerungsfotos.

Danach ging der Film in die Redaktion zum Schneiden. Von mehreren Stunden blieben acht Minuten übrig. Leider durfte ich ihn nicht vorab sehen. So blieb es für mich eine Überraschung, wie der Film letztendlich im TV wirkte.

Einige Wochen später betrat ich die Weinstube um die Ecke. „Hallo Wera", hörte ich sofort. Die nette Kamerafrau vom Dreh winkte mir. Sie war dort mit ihrem Freund, einem Regisseur, und ich glaube, er war auch Kameramann. Sie stellte ihn mir vor. Wir saßen bis spät in die Nacht zusammen und hatten viel Spaß.

Im selben Jahr, es war Spätsommer, ging ich mit meiner Freundin Sara aus Mainz ins Fidelio. Wir fragten den Besitzer, wo heute Abend was los sei. „Tja, ihr Lieben", sagte er und gab uns einen Tipp. „Im Moment ist in der Alten Oper der Filmball. Dort sind viele Schauspieler zu einer Verleihung. Leider kommt ihr da nicht rein."

Na, das war doch mal eine echte Option. „Na klar", sagte ich. „Wir gehen einfach rein und berichten dir später davon." Er lächelte ungläubig, da er wusste, wie viel Security am Eingang der Alten Oper stand.

Wir waren schick angezogen, gingen hinüber, es waren nur etwa hundert Meter, und sahen schon den roten Teppich und die vielen nagelneuen Audis mit den Chauffeuren, die dort auf die Promis warteten. Einige Bodyguards standen unmittelbar vor der Eingangstür. Sie waren das größte Hindernis. Cool bleiben", flüsterte ich zu Sara und zog sie an der Hand vorwärts. „Wir gehen einfach an denen vorbei, als wären wir nur zu einer Zigarettenpause draußen gewesen."

Sara war mächtig aufgeregt, ich hingegen gar nicht. Es war ein tolles Gefühl, als wir über den roten Teppich schritten. Wir näherten uns Schritt für Schritt dem Eingang und blickten die Bodyguards an. „Ich muss unbedingt noch mit Günter Lamprecht über sein neues Filmprojekt sprechen", sagte ich laut zu Sara und lächelte den Bodyguards zu. Wir gingen einfach weiter, an den Männern vorbei und schwupps waren wir drin.

Drinnen schlängelten wir uns die Treppe hoch. Es wimmelte vor Schauspielern, die alle in Abendgarderobe gekleidet waren, Champagner tranken und in Smalltalks vertieft waren.

Sara machte sich gleich am Buffet zu schaffen, ich zog den Champagner vor. Wir stellten uns an einen Tisch. Monika Bleibtreu und eine junge Frau kamen dazu, nahmen uns ins Visier, konnten uns aber nicht einordnen. Sie sprach mit der Nachwuchsschauspielerin über ihre weitere Karriere.

Und dann blieb mir fast das Herz stehen. Tatsächlich gesellte sich Günter Lamprecht zu uns und stieß mit mir an. Und einer meiner Lieblingsschauspieler aus der Serie ‚Alarm für Cobra 11‘, dessen Name ich vergessen habe, kam ebenso hinzu. Wahnsinn. Es entwickelte sich ein lustiges Grüppchen, denn immer mehr Schauspieler, die ich zwar aus dem Fernsehen kannte, deren Namen mir aber nicht einfielen, stießen hinzu. Und wir standen mitten drin. Das mussten wir unbedingt dem Besitzer des Fidelios erzählen.

Später gingen wir auf die wunderschöne Terrasse der Alten Oper und bewunderten die tolle Frankfurter Kulisse bei Nacht. Aus dieser Perspektive hatte ich die Stadt noch nie gesehen. Viele Promis neben uns rauchten, als plötzlich jemand ganz laut schreit: „Wera, Wera! Du auch hier?“ Ein Mann kam mit wedelnden Händen auf mich zu gerannt. Alle drehten sich nach mir und dem Mann um, der mich gerade herzlichst knuddelt.

„Sorry“, rief ich erstaunt. „Kennen wir uns?“

„Klar“, antwortete er. „Ich bin’s. Der Freund der Kamerafrau aus der Weinstube.“

Ach herrjeh. Ich hatte ihn nicht erkannt, weil er einen Hut und zudem einen Vollbart trug. Wir gingen an die Bar und unterhielten uns über den Filmball. Er konnte es nicht fassen, dass wir hier so einfach rein spaziert waren. „Du bist vielleicht eine“, meinte er. „Aber das gefällt mir.“

Gegen 23.30 Uhr gingen Sara und ich wieder hinüber ins Fidelio und erzählten unsere aufregende Story. „Mädels“, rief der Besitzer entzückt. „Was ihr alles anstellt! Ich wäre so gerne dabei gewesen.“

*

Vor meiner Schaufensterscheibe tauchte einmal ein Ehepaar auf, beide um die 70 Jahre alt. Die Frau weinte. Ich öffnete die Türe und fragte, was sie bedrückte.

„Das war mal unsere Metzgerei", sagte sie. „Bis 1985. Danach gab es eine Weinstube." Ich ließ das Paar in das Entree und sie erzählten von den harten Jahren des Aufbaus und der harten Arbeit in der Metzgerei. Ihr Laden, den sie jetzt noch einmal sehen wollten, war einst ihr ganzes Leben. Ich zeigte ihnen alle Räume und sie erzählten mir in jedem, was dort gearbeitet worden war.

Unten im Rosentempel wurden die Würste gedreht. Ja, dachte ich, so ähnlich arbeite ich jetzt auch, heißt aber Lingammassage. Ich musste schmunzeln.

Im kleinen Tempel war die Kühlkammer untergebracht. Im oberen Teil, wo heute die Dusche ist, war die kleine Küche, das Entree und Karibikzimmer waren der Verkaufsraum, hinten das Kaminzimmer war der Verpackungsraum für die Waren.

Sie schwelgten in Erinnerungen und die Tränen wichen bei dem Anblick, was daraus geworden war. Wir wünschten uns beim Abschied viel Glück.

Zwei Monate später stand ein Mann, etwa 50 Jahre, vor der Tür. Der Sohn der Metzgersleute. Auch er wollte sich ansehen, was aus dem Geschäft der Eltern geworden war. Er blieb eine Stunde und erzählte mir seine Lebensgeschichte.

Vielleicht, grübelte ich, werde ich in 30 Jahren ebenfalls mal vor der Tür der Weberstraße 45 stehen und mich freuen, wenn die neuen Besitzer mir mein altes Refugium zeigen würden.

Aber ich glaube, das wird nie passieren. Hier wird man mich raustragen müssen. Ich werde bis zum letzten Atemzug hier arbeiten, sofern dann noch jemand von einer buckligen, hängebusigen, faltigen, ergrauten Wera massiert werden möchte.

Diese Hoffnung habe ich, denn ihr – liebe Gäste – werdet ja mit mir alt.

15

Das Wochenendhaus

Gerit und ich wollten uns eine Oase irgendwo im Radius von maximal 100 Kilometern von unserem Zuhause entfernt suchen und schauten in den Immobilienforen für Wochenendhäuser.

Ich wollte endlich mal wirklich abschalten können und nicht am Wochenende zu einem Termin nach Frankfurt fahren müssen.

Wir fanden eine Wochenendsiedlung an der Krombachtalsperre, sehr romantisch gelegen. Ein Mann verkaufte sein Holzhaus, wegen der Trennung von seiner Frau.

Hoffentlich kein böses Omen, dachten wir, in diese Energie zu ziehen.

Es war der Sommer 2005. Wir werkelten an unserem neuen Domizil, um es uns nach unseren Wünschen zu gestalten. Abends gab es einen Treffpunkt für alle Wochenendler am Kiosk der Anlage, ideal zum integrieren für uns. Wir wurden nett aufgenommen, saßen im Kreis, tranken Flaschenbier beim Sonnenuntergang und hatten viel Spaß.

Ich war „das Madsche aus der Stadt". So betitelten mich die Einheimischen im Westerwälder Dialekt.

Wir gewöhnten uns daran, jeden Freitagnachmittag bis Sonntagabend am See zu verbringen. Mein Vater schenkte uns ein altes Segelkajak aus der DDR, mit Sitzen für zwei Personen hintereinander. Hatten wir Spaß auf dem Wasser!

Wenn es zu heiß war, zog ich kurzerhand mein Oberteil aus, da ich gerne streifenfrei braun werden wollte. Ein Surfer, der sehr nah an uns heran kam, fiel fast vom Brett beim Anblick von Wera. Natürlich war das DAS Tagesgespräch an der Krombach.

Abends wurde oft lange und feuchtfröhlich in der Pizzeria am See gefeiert. Eine wirklich erholsame und unbeschwerte Zeit, bis das Schicksal bei Wera zuschlug. Ich wünschte, es wäre niemals passiert, aber das Leben zeigt oft andere Wege für einen auf.

An jenem Wochenende konnte Gerit erst samstags an den See kommen. Ich fuhr vor und die Einheimischen, Gäste und Camper feierten in der Pizzeria.

Da stand ein Hüne von einem Mann. Stefen hieß er. Er war über die Grenzen des Westerwaldes bekannt. Wir frotzelten und schäkerten plötzlich. Da war es wieder, das Feuer, die Magie der zufälligen Berührung, die Blicke, die sich ständig trafen und nicht mehr voneinander lassen konnten, seine humorvolle Art. Oh mein Gott. Ich war drauf und dran, mich zu verlieben.

Das konnte doch nicht wahr sein. Ich liebte Gerit und wir hatten eine so traumhafte Beziehung. Ich rechnete zurück, wir waren genau im 7. Jahr, das vieldiskutierte verflixte 7. Jahr in jeder Beziehung. Aber doch nicht bei Gerit und mir? Mit ihm wollte ich alt werden und dennoch geschah es.

Wir trennten uns. Mehr möchte ich dazu nicht sagen. Es war eine sehr schlimme, tränenreiche und schmerzvolle Zeit. Ich war blind vor Liebe für Stefen und habe unser gemeinsames Leben hingeschmissen. Bin sogar in den Westerwald in ein Haus mit Stefen gezogen. Nach Westernohe bei Rennerod. Vier Kilometer von der Krombach entfernt.

Es war schön, auf dem Land zu wohnen, die unendliche Ruhe. Morgens sah öfter eine Kuh durchs Schlafzimmerfenster. Wie romantisch.

Doch diese Romantik sollte nicht lange währen. Ich stellte schnell fest, dass Stefen notorisch eifersüchtig auf alles und jeden war, was unsere Liebe in kürzester Zeit zerstörte. Er fand ein Buch von Andro, dem Begründer des Neotantra in Deutschland. Es war ein Buch, das ich selbst noch nicht gelesen hatte. Als ich nach Hause kam, würgte er mich und schrie mich an: „So einen Schweinkram machst du? Ich dachte, du massierst nur tantrisch, aber was der da schreibt ist doch pervers."

Um Himmels willen! Was stand nur in dem Buch drin? Ich wusste es nicht. Oft bestellte ich mir Bücher und las sie erst ein halbes Jahr später und durch den Umzug war ich noch nicht dazu gekommen. Es war ein schwarzes Buch. Ich blätterte später darin herum, tja, es waren wirklich komische Sachen von Andro. Vielleicht nur seine Fantasien, aber Stefen nahm an, es hätte etwas mit meiner Arbeit zu tun. Das Buch blätterte ich flüchtig durch und entsorgte es, was ich sonst nie mit Büchern mache.

Das war das Ende meines Westerwald-Abenteuers und meiner neuen Liebe.

Ich googelte, suchte eine Wohnung im Nordend, und zog schnell, aber ganz schnell in meine Heimat zurück. Das Wochenendhaus verkaufte ich erst zwei Jahre danach.

Mit Gerit hatte ich noch hin und wieder telefonischen Kontakt. Er lebte aber bereits in einer neuen Beziehung. Das war's dann. Ich war wieder allein in Frankfurt, ging in meiner Arbeit total auf und massierte oft bis in die Nacht, um nicht allein zu sein. Es war das erste Mal nach meiner Scheidung, dass ich wieder allein, ganz allein war.

Im Nordend fand ich eine Weinstube um die Ecke, die für die nächsten zwei Jahre zu meinem Wohnzimmer wurde. So nannten es die Leute, wenn sie öfter als zwei Mal pro Woche dort hin gingen. So lernte ich viele nette Menschen aus dem Nordend kennen. Wir hatten oft Spaß bis in die tiefe Nacht. Aber ob das meiner Leber so gut tat, war fraglich.

Mit meiner besten Freundin aus Mainz ging ich jeden Faschingsdienstag in den Weinkeller Fidelio an der Alten Oper. Einmal kam ich im echten bayrischen Dirndl und wurde zum Highlight des Abends, nein der Nacht, gekürt. In der ausgelassenen Stimmung räumten andere Gäste, die wir jedes Jahr dort antrafen, ihren Tisch frei und ich sollte darauf tanzen. Was ich auch tat. Die Stimmung in dem völlig überfüllten Keller kochte und mir schallte „Zugabe, Zugabe" entgegen. Also gab ich eine Tanzeinlage nach der anderen, die Faschingsparty brannte, der Bär steppte. Nein, ich war's! Wera brachte den Keller zum kochen. Es war fantastisch.

In dieser Nacht kam eine blonde Frau auf mich zu und sagte mir, ich sei eine so gutaussehende Frau und dass sie ein solch schönes Dekolleté noch nie gesehen habe.

Wow, solch ein Kompliment von einer Frau. Womöglich war sie auch Tantrikerin? Nein, sie war eine Bankerin und wir trafen uns zufällig ein halbes Jahr später an der Alten Oper bei einem Weinfest wieder und seitdem sind wir bis heute beste Freundinnen.

Inzwischen hatte ich mein Team in meiner Praxis auf zwei Mitarbeiter reduziert, da immer mehr Gäste nur zu mir wollten. Meine Massagen ersetzten mir immer mehr die fehlende Liebe. Ich wurde immer besser und arbeitete so hingebungsvoll und mit so viel Leidenschaft wie nie zuvor. So kompensierte ich, aber dann kam er wieder, **der Schrei nach Liebe**!

Es war im Oktober 2008. Meine Freundin (aus der Fidelio Weinstube vom Fasching) und ich gingen zum legendären Museumsuferfest in Frankfurt. Ich hatte Lust mein Dirndl anzuziehen. Dazu gehörte allerdings schon ein wenig Mut, immerhin waren wir nicht in Bayern und es war kein Fasching.

Ich war natürlich ein Hingucker.

Es war wundervolles Wetter. Die Sonne schien und es waren 23 Grad. Wir bummelten die Stände ab, blieben bei einigen Bands stehen und lauschten der Musik. Wir naschten außergewöhnliche Leckereien an den Ständen aus aller Welt.

Menschenmassen schlichen oder schoben sich langsam vorwärts, laute Musik dröhnte und allerlei süße und herzhafte Gerüche verführten unsere Nasen. Der schöne Nachmittag verging viel zu schnell. Wie immer, wenn etwas schön ist. Der Tag neigte sich dem Abend zu. Wir gingen auf die andere Mainseite, die Seite, die in der Nähe des Frankfurter Römers lag. Die hoben wir uns jedes Jahr bis zum Schluss auf.

Wir kamen an den Stand von meinem Vermieter, dem eine Reformhauskette in Frankfurt gehörte. Dort tranken wir Ökowein und aßen leckere Ökoschnittchen. Vom

Nachbarstand hörte ich plötzlich Klezmermusik. Jiddische Musik mit Gesang, die in den 70er Jahren in den USA eine neue Bezeichnung als Stilrichtung bekam, nämlich Klezmermusik. Es kamen mir sofort Erinnerungen aus meiner Kindheit: Schon mit der zweijährigen Wera wurde im kleinen Wohnzimmer Lieder und Musik aus aller Welt gespielt und meine Mutter tanzte mit mir dazu. Wir hörten auch viel jiddische Musik. Die Lieder konnte ich schnell auswendig und konnte auch jiddisch gesprochene Märchen auf Schallplatte verstehen. Später, als Jugendliche mit 14 Jahren, war ich Jugendbetreuerin in einem evangelischen Familienferiendorf in Mauloff im Taunus, in dem ich auch die Erwachsenentanzabende leitete. Auch dort tanzten wir zu jiddischer Musik.

Übrigens leitete ich die Jugendarbeit in den Sommerferien insgesamt 15 Jahre lang für die Städte Frankfurt, Bad Homburg und Wiesbaden, natürlich alles während des Krankenhausdienstes. Dafür bekam ich Sonderurlaub und wurde freigestellt für zwei bis drei Wochen pro Jahr.

Aber jetzt zurück zum Museumsuferfest. Neben dem Reformhausstand war der Stand der Jüdischen Gemeinde Frankfurt, ein kleiner Kreis von Menschen hatte sich dort gebildet und lauschte der Musik.

Ein liebenswert aussehender Mann moderierte. Er lachte viel und schien ein lustiger Mensch zu sein. Er war mir auf Anhieb sympathisch, weil er diesen tiefsinnigen jüdischen Humor gepaart mit Chuzpe (Frechheit) versprühte, den ich sehr mochte.

An diesem Stand waren hauptsächlich Juden, die zur Musik mitsangen. Es waren Volkslieder aus der Heimat und plötzlich konnte mich nichts mehr halten, obwohl ich nicht singen kann, denn ich habe wirklich eine grausame Stimme, aber ich sang aus Leibeskräften mit. Mein Lieblingslied war Hava Nagila. All die Lieder, die ich als Kind mit zwei Jahren gesungen hatte, konnte ich immer noch auswendig. Unglaublich, ich war selbst erstaunt. Meine Freundin sah mich etwas verwundert an, ich erklärte es ihr kurz.

Die Musik war mitreißend, alle klatschen in die Hände und wippten fröhlich mit. Auf einmal forderte der nette Mann alle zum Tanz auf. Er hatte mich längst im Visier und auch andere musterten mich in meinem echt skurrilen Dirndl-Outfit am jüdischen Stand.

Alle bildeten einen Kreis und, ja, und tanzten meinen Tanz aus Kindertagen, den Hashual. Auch diesen Text konnte ich auswendig, wenn auch vielleicht die Aussprache nicht perfekt war. Mir jedenfalls machte es riesigen Spaß.

Plötzlich spürte ich eine Hand, die mich in den Kreis der Tanzenden zog. Es war der Moderator, wir tanzten wild und voller Lebensfreude. Immer mehr Zuschauer nahmen Notiz von unserem Treiben und schauten zu. Die Zahl verdoppelte, ja verdreifachte sich, bis sich eine Riesentraube Menschen um uns drängte. So etwas hatten die meisten noch nie gesehen: eine tanzende Dirndlfrau am jüdischen Stand. Ein wirklich komischer Anblick.

Nach 20 Minuten gaben die anderen aus mangelnder Kondition auf und machten eine Pause. Der Mann aber schnappte mich gleich wieder. Nun waren wir das einzige Paar, das wild zur Musik in der großen Zuschauermenge tanzte. Er setzte mir währenddessen seinen Hut auf, aber es war keine Kippa. Es war unter anderem ein Hüpftanz. Wir hüpften im Kreis, nahmen uns an den Händen, drehten uns voneinander weg und wieder zueinander hin.

Plötzlich meinte er zu mir: „Schöne Frau. Ihnen ist etwas aus dem Kleid gesprungen." Er deutete auf mein Dekolleté.

Ach, du liebes bisschen! Meine linke Brust war beim heftigen Springen aus dem Dirndl gehüpft und die Brustwarze schaute den Mann frech an.

Er zog mich in dem Schreckensmoment dicht an sich heran und so konnte ich die wilde, stramme Hüpfbrust einigermaßen unbemerkt vor dem Publikum wieder ins Dirndl packen. Danach konnten wir uns nicht mehr halten vor Lachen.

Das Publikum forderte jedoch ständig Zugaben von uns. So etwas sah man ja nicht alle Tage. Einen Rabbi mit einer Dirndlfrau. Dass er ein Rabbi war, erfuhr ich später in der Pause, als wir uns angeregt unterhielten. Wir gaben jedenfalls ein göttliches Bild ab. Von der Szene blieben mir zwei verschwommene Fotos. Wir waren einfach zu schnell für schärfere Bilder.

Plötzlich küsste er mich mitten auf den Mund. Wie frech, dachte ich, aber ich fand ihn süß.

Dann kam auch noch mein Vermieter vom Nachbarstand und wollte auch mit mir tanzen. Eigentlich war ich zu dem Zeitpunkt schon kaputt, tanzte aber weiter, bis ich bemerkte, dass durch seine wilden Einsätze und das Hüpfen, mein Slip langsam aber stetig von meinem Popo rutschte.

Die nächste Peinlichkeit. Der Slip hing nun schon fast an den Knien, aber das Kleid ging zum Glück bis zu den Knöcheln. Ich täuschte Schwäche vor, wollte eine Pause einlegen und rannte hinter den Stand. Höchste Eisenbahn, denn der Slip war schon fast am Boden. Ich zog ihn rasch hoch und schwupps tanzte ich wieder zum Rabbi.

Leider musste er seinen Stand langsam schließen. Mittlerweile war es schon 22.30 Uhr und wir wechselten nach nebenan zu meinem Vermieter, der die äußere Verkleidung des Standes schloss, da das Ordnungsamt keinen Spaß verstand. Um 23 Uhr mussten alle dicht machen.

Es dauerte nicht lange und der Rabbi stand neben mir. Wir tranken leckeren Ökowein und aßen Schnittchen, die übriggeblieben waren. Ich holte meine erworbene Klangschale hervor und demonstrierte auf dem Bauch des Rabbis, wie man diese anwendet.

Mitten in dem großen Spaß fragte mein Vermieter, ob ich eine lesbische Beziehung mit meiner Freundin hätte. Wir klärten ihn auf, dass wir nur allerbeste Freundinnen seien.

Die Augen des Rabbis strahlten. Er war sichtlich erleichtert, dies zu hören. Es war bereits zwei Uhr nachts und wir verabschiedeten uns, ohne jedoch die Telefonnummern auszutauschen. Wieder einmal. Wie einst im Tantraseminar.

Am nächsten Morgen rief ich meinen Vermieter an, ob er die Nummer des Rabbis habe. Er gab sie mir.

Als ich ihn anrief, war er ganz hin und weg und freute sich riesig. Wir trafen uns einige Tage später und waren bald ein Paar. Skurrile Geschichte: die Tantrameisterin und der Rabbi. Das wäre eine Schlagzeile in der Bild wert gewesen.

In der Folgezeit lernte ich sehr viel über die jüdische Kultur und viele Dinge, die ich bis dahin nicht wusste. Ich durfte an Gottesdiensten teilnehmen, die er führte. Das wirklich Interessante war, dass uns jeweils das Leben des anderen faszinierte. Das machte die Beziehung spannend und reizvoll.

Er war so angetan von mir, dass er jedem erzählen wollte, mit einer Tantrameisterin zusammen zu sein. In diesem Punkt musste ich ihn etwas zügeln, weil ich nicht wusste, ob es für sein öffentliches Leben so zuträglich war. Wir besuchten auch jüdische Feste seiner Gemeinde. Natürlich wurde ich von vielen beäugt. „Na Mädele", sagten einige. „Du wärst die richtige Frau für unseren Rabbi." Sie dachten, ich wäre eine Jüdin, da ich sie alle verstehen konnte und hin und wieder nickte. Sie sprachen jiddisch mit mir. Einige sogar hebräisch, was ich aber nicht verstand.

*

Eines Abends fuhr ich einen sehr alten Mann nach einer Veranstaltung der Gemeinde ins Westend. Es lag zwar nicht auf meinem Weg, aber ich wollte nicht, dass er so spät noch mit dem Bus fahren musste. Während der Fahrt erzählte er mir vom Holocaust und was er alles als junger Mensch von 14 Jahren im Konzentrationslager Buchenwald erlebt hatte. Er zeigte mir auch seine Nummer am Arm. Ich bekam Gänsehaut hoch zehn. Als wir an seinem Haus ankamen, sagte er: „Mädele, sei froh, dass du in einer anderen Zeit geboren bist. Eure Generation kann alles besser machen und vergiss nie die deutsche Vergangenheit."

Welch ein Erlebnis. Ein Livebericht aus jener Zeit, die ich sonst nur aus Filmen und Büchern kannte.

Mir kamen sofort weitere Erinnerungen aus meiner Jugend in den Sinn. Ich war 13 Jahre alt und fuhr mit der politischen Jugendorganisation nach Buchenwald in das KZ bei Weimar, damals noch in der DDR gelegen. Wir wurden von einer FDJ Delegation empfangen, wohnten eine Woche in einem Pionierlager und gewannen einen kleinen Eindruck vom dortigen Leben. Ich lernte meine Brieffreundin Ela kennen. Wir schreiben uns heute noch. Beim Besuch in der Gedenkstätte Buchenwald lernten wir einen ehemaligen Häftling kennen, der vom dritten Reich erzählte. Dann fuhren wir in die Tschechoslowakei in die Nähe von Pilsen, dort gab es ein Dorf namens Lidicè, das 1942 von den Deutschen komplett ausgerottet wurde. Eigentlich war ich noch viel zu jung für dieses Thema. Es hat mich sehr lange beschäftigt.

Ich las viel über unsere Vergangenheit, unter anderem auch das Buch „Ein Leben ist viel zu wenig" von Lore Wolf, eine Widerstandskämpferin aus Frankfurt. Diese Frau hatte mich so sehr beeindruckt, dass ich ihr einen Brief schrieb und sie gerne kennenlernen wollte. Ich bekam eine Einladung von ihr. Sie wohnte in der Nähe des Frankfurter Zoos. Sie war eine ältere Dame mit weißgrauen Haaren und damals um die 70 Jahre alt. Wir tranken Tee und sie zeigte mir ganz viele Bilder aus der Nazizeit, als sie sich im Untergrund versteckt und gekämpft hatte. Sie war sehr angetan von mir und freute sich, dass sich die Jugend noch für unsere Vergangenheit interessierte.

Wir blieben noch viele Jahre in Kontakt. Sie schenkte mir ein signiertes Buch von ihrer besten Freundin Anna Seghers mit dem Titel „Das siebte Kreuz". Weltliteratur heute. Es wurde mit Spencer Tracy verfilmt.

Die Briefe, die ich von Lore Wolf bekam, habe ich heute Morgen in meiner Schatzkiste von früher wiedergefunden.

*

So, nun aber wieder zurück zum Rabbi. Wir waren auf einer Veranstaltung und mein zweites Lieblingslied wurde gesungen. ‚Schalom alejchem'. Das heißt ‚Friede mit euch'. Wenn es ganz viele singen, gehen ganz besondere Schwingungen durch den Raum. Es klingt wundervoll friedlich und einig.

Leider war ich eine Schickze, das bedeutet eine nicht jüdische Freundin. Aber für meinen Rabbi war ich seine Malka, seine Königin.

Wir redeten oft über Kinder und Heirat. Oje, Wera wollte nie wieder heiraten. Und Kinder konnte ich ohnehin keine mehr bekommen. Wollte ich auch nicht.

Wir hatten eine Zeit voller Freude und Lachen und tauchten tief ein in das jeweils andere Leben des Partners. Aber auch hier kam das Ende und wir wünschten uns in aller Freundschaft alles Gute für unser weiteres Leben.

Ich wünschte ihm, dass er eine Frau finden würde, mit der er eine Familie gründen konnte, denn dieser Wunsch bliebe ihm mit mir verwehrt. Alle paar Jahre telefonieren wir miteinander, so auch gestern. Ich hatte angefragt, ob ich über uns schreiben darf. Er freute sich riesig und stimmte zu. Im Übrigen hat er eine Frau gefunden und ist stolzer Vater geworden.

*

Ich brauchte Zeit, um neue Energie zu tanken, und flog in Urlaub. Doch da war noch etwas: bis vor wenigen Jahren hatte ich extreme Flugangst. Schon beim Besteigen der Bahn, die zum Flughafen führt, wurde mir schlecht. Schweißausbrüche und erhöhte Atemfrequenz waren die Folge.

Beim Start klammerte ich mich an den Arm meiner Nachbarn, wobei ich mich immer vorher schon dafür entschuldigte. Manche stellten mir sogar gerne ihren Arm zur Verfügung. Es waren natürlich Männer, echte Gentlemans. Bei der leichtesten Turbulenz am Himmel, war ich völlig fertig und sah uns abstürzen.

Im Sommer 2009 meldete sich ein guter Freund von Gerit und mir, den wir bei der NLP-Ausbildung kennengelernt hatten. Markus, Chefsteward bei Condor. „Wera, hast du immer noch Flugangst?", fragte er. „Ich fliege demnächst nach Mauritius und du könntest stand by mitfliegen. Erste Klasse versteht sich. Bei den Starts und Landungen könntest du sogar im Cockpit sitzen."

Wow! Welch ein Erlebnis. Ich sagte spontan zu.

Beim Start in Frankfurt saß die liebe Wera im Cockpit hinter den beiden Piloten.

Ich war eingepackt im 5-Punkt-Gurt und los ging's! Ich bekam wie immer Schweißhände und Herzrasen. Auch beim Anblick der Piloten. „Habt ihr überhaupt schon eine Lizenz zum Fliegen?", fragte ich sie kurz vorm Start. „Ihr seid doch noch Kinder." Oh je, dachte ich, mein Leben lag in der Hand von Jünglingen.

Sie lachten und sagten, ich brauche mir keine Sorgen machen. Alles wird gut. Beide waren erst knapp über 30 Jahre alt. Ich hatte mir immer einen graumelierten Kapitän vorgestellt.

Nach einiger Zeit stellte der Pilot den Autopiloten ein. Während des Fluges scherzten sie mit mir, um mich von meiner Angst abzulenken. Zwischendurch ging ich in die First Class und wurde fürstlich umsorgt.

Die Landung bei Nacht auf Mauritius war spannend. Die vielen Lichter und die ständigen Durchsagen vom Computer. Wir setzten zart auf und ich war so happy.

Und das Beste: Danach hatte ich tatsächlich keine Flugangst mehr. Es schlug sogar ins Gegenteil um. Die kommenden Jahre flog ich wie eine Wilde in der Welt herum. Eine regelrechte Flugmanie entwickelte sich und ich war ganz traurig, wenn es ohne Turbulenzen ablief.

Für alle, die Flugangst haben: Ihr müsst ins Cockpit. Das ist nicht nur ein Erlebnis, sondern könnte die Lösung für euch sein.

*

Im Jahre 2010 besuchte ich das Tantraseminar ‚Schwitzhütte‘ in Nordhessen. Es fand in einem sehr schön und spirituell eingerichteten Haus statt. Abends trafen nach und nach die Teilnehmer ein und die Zimmer wurden zugeteilt. Ich lag mit einer netten Frau zusammen, die mir aber recht blockiert schien. Iris, von ihr erzähle ich später noch.

Beim Abendessen schaute ich in die große Runde, es waren 25 Teilnehmer, und entdecke einen Stammgast, dem ich ein Tantraseminar mit seiner Frau empfohlen hatte. Er sieht mich und schaut erschrocken und verschämt in eine andere Richtung.

Bei der abendlichen Vorstellungsrunde sollten wir kurz erklären, warum wir dieses Seminar gebucht hatten. Anschließend sangen wir Mantren und es entstand wieder einmal eine wunderschöne Energie im Raum. Alle fühlten sich vereint und spürten die Verbundenheit. Wir bildeten eine Gemeinschaft, ohne die anderen zu kennen.

Danach gingen wir beseelt ins Bett. Iris erzählte mir von ihren Ängsten und dass sie vor Aufregung nicht schlafen konnte. Ich machte ihr Mut. „Keine Angst, liebe Iris. So habe ich vor Jahren auch angefangen. Beobachte mich und sieh dir an, wie weit ich gekommen bin. Schlafe jetzt und versuche im Geiste das schöne Mantra ‚Gate Gate‘ zu singen."

Aber bitte nur im Geiste, dachte ich, denn ich wollte ohne ‚Gate‘ einschlafen.

Am Morgen nach dem Frühstück, tanzten alle im Raum zu einer wahnsinnig schönen Musik, die mich tief berührte und zum Schweben brachte. Ich tanzte selbstversunken und dabei zog ich mich ganz langsam aus. Ja, plötzlich war ich nackt. Das hätte ich mir damals, bei meinem ersten Tantraseminar, nie träumen lassen.

Die Neuen schauten ungläubig zu mir rüber und andere, die wohl schon einige Seminare erfahren hatten, taten es mir gleich.

Iris musterte mich. Ihre Blicke klebten förmlich an mir, teils bewundernd, teils erschrocken.

Nach der Teepause gingen wir in den Garten zur Schwitzhütte, die bereits vorbereitet wurde. Es war ein gro-

ßes Zelt, in dessen Mitte eine Kuhle lag, gefüllt mit glü-
hendheißen Steinen. Drumherum lagen Sitzkissen für die
Teilnehmer. Wir schauten uns die Örtlichkeiten schon mal
im Tageslicht an. Das Schwitzhüttenritual sollte in den
Abendstunden stattfinden. Bis dahin würden die Steine
richtig heiß sein.

*

Die Schwitzhütte ist eine Zeremonie, eine Feier für das Leben und zum Leben hin. Durch Beten entsteht Bewusstsein
über deine Beziehung zur Schöpfung und über die Beseel-
theit von allem. Das Ziel der Schwitzhütten-Zeremonie ist
eine körperliche, mentale und emotionale Reinigung und
Erneuerung. Eine Belebung der Seele und der Wurzeln kann
auf diesem Weg eintreten. Mit dem Schweiß lassen wir alles
Alte, das nicht mehr gebraucht wird, wegfließen. So kann
die Reinheit unserer Gaben in Erscheinung treten. Wie
neugeboren kriechen alle Teilnehmer aus dem Schoß der
Mutter Erde wieder heraus.

Wir haben uns oft weit weg bewegt von der lebendigen
Verflechtung mit allem, was uns umgibt. Es braucht sehr
viel Erfahrung und viele Jahre Übung mit Schwitzhütten,
Meditation und anderer innerer Arbeit, um in Einklang mit
dem Universum zu kommen und auch zu bleiben.

*

Dann war es 21 Uhr. Alle zogen sich nackt aus. Einige schauten sich verschämt um. Wir betraten das Zelt. Es war wahnsinnig heiß und die Luft war zum Schneiden.

Wir setzten uns und der Leiter trommelte in verschiedenen Rhythmen und sang indianische Lieder.

Wir schwitzten, was der Körper hergab. Ich war ja aus meiner Sauna Einiges gewohnt, aber so mancher japste schon sehr bald. Ein älterer Mann neben mir, Hermann, 68 Jahre alt, schien sogar Atemnot zu bekommen. Ich nahm ihn zu mir rüber, zog die Zeltplane am Boden etwas hoch, so dass sich ein kleiner Spalt öffnete und er frische Luft schnappen konnte. Er war mir sehr dankbar dafür, aber da kam auch schon der Kommentar des Leiters: „Liebe Freunde, es hat einen tieferen Grund, warum wir das alle durchstehen müssen. Es soll keine Ausnahmen geben."

„Aber man muss berücksichtigen", schob ich ein, „dass Hermann nicht mehr der Jüngste ist. Ich finde, hier muss man eine Ausnahme machen oder willst du in 10 Minuten den Krankenwagen hier haben? Ich komme aus einem medizinischen Beruf und kann die Zeichen deuten."

Die anderen nickten betroffen. Natürlich hätten sie auch gerne eine frische Brise zwischendurch genossen.

Hermann bekam seine Ausnahmeregel zugestanden. Na, geht doch! Bei allem spirituellen Bewusstsein darf die medizinische Seite nicht außer Acht gelassen werden.

Wir schwitzten weiter um die Wette, konnten uns kaum noch sehen, vor lauter Dampfen, und sangen unser ‚Gate, Gate', im Übrigen mein Lieblingsmantra.

Danach liefen alle in den Garten und kühlten sich ab. Wir genossen die frische Luft und schauten zum Vollmond hoch. Ach, wie schön, denke ich, eins mit dem Universum zu sein. Da spricht mich Iris an. „Wera, ich finde es toll. Du sagst, was du denkst, da habe ich zu viel Schiss. Mein ganzes Leben unterdrücke ich alles, des lieben Friedens willen."

Ich nahm sie in den Arm und wir sahen den Mond an. „Liebe Iris, warum bist du hier? Du willst doch etwas in deinem Leben verändern. Wie wir alle. Und du bist jetzt auf dem Weg, geh ihn weiter! Tantra wird dein Leben zum Positiven verändern, glaube mir, ich weiß, von was ich rede."

Anschließend tranken wir im Seminarraum Tee und verabschiedeten uns voneinander mit intensiven Umarmungen.

Da trat mir mein Stammgast entgegen und flüsterte ängstlich „Wera, bitte tu so, als würden wir uns nicht kennen. Ich habe meiner Frau von deiner Empfehlung erzählt, aber so, als wäre es meine Idee gewesen."

„Ach, Karl. Du weißt doch, Diskretion steht für mich an höchster Stelle. Bleib locker und genieße das Seminar."

Nachts lag ich im Bett und fühlte mich wie neugeboren. Nein, ich war neu!

16

Besondere Erlebnisse mit Gästen

Martinus (alle folgenden Namen geändert) – mein ältester und längster Stammgast

Im März 1999 stand ein älterer, gutgekleideter Herr vor meiner Tür. Er schien sehr aufgeregt, wollte mein Refugium besichtigen und mich in einem Vorgespräch kennenlernen. Das ermögliche ich jedem Gast.

Martinus war so angetan, dass er am liebsten gleich geblieben wäre, aber er musste vorher schnell noch einkaufen.

Nach der ersten Tantramassage für ihn, wurde er zu einem sehr lieben Stammgast, der mich jede Woche einmal besuchte.

So lernten wir uns im Laufe der Jahre intensiver kennen. Ich erfuhr viel von seinem aufregenden Leben und seiner Familienproblematik. Langsam wurde er ein Vertrauter, der während ich im Urlaub oder mal krank war, die Schlüssel meines Refugiums erhielt und nach dem Rechten schaute. Er wohnte in unmittelbarer Nähe. Es war kein Problem für ihn und er tat es gerne für mich.

Unser Verhältnis entwickelte sich väterlich-freundschaftlich. Da er für mich oftmals weise Lösungen parat hatte, auf die ich nicht sofort kam. Wir unterstützten uns also gegenseitig.

Es pendelte sich so ein, dass Martinus pünktlich jeden Tag um 12 Uhr bei mir an der Tür klingelte, nur um in meiner Nähe zu sein. Wir tranken Tee und warteten, bis der erste Gast kam. Ich lief immer barfuß in meinen Räumen umher und wenn wir nebeneinander auf dem Sofa saßen und uns über Gott und die Welt unterhielten, wärmte und massierte er dabei meine Füße. Es wurde zu einem schönen Ritual. Für ihn war der triste Tag gerettet, wenn wir zusammen quatschen konnten und er nur meine Nähe spüren durfte.

Einmal lud er mich auf ihren Campingplatz zum Tag der offenen Tür ein. Dort zeigte er mir stolz seine Sport-abzeichen im Schwimmen und Radfahren. Für sein Alter war er echt topfit.

Ich lernte seine Frau kennen. Eines Tages lud ich sie zum Tee in mein Refugium ein. Eine sehr kultivierte ältere Dame begutachtete mich und gab ihre Zustimmung, dass ihr Gatte weiterhin zu mir kommen konnte und für die Film-aufnahmen zur Verfügung stehen konnte. Ich möchte ihm und ihr danken für den Beitrag auf meiner Homepage unter dem Thema Danke und diverse Filmbeiträge, in denen er mitwirkte.

Ich wollte meine Meditations-CD in seinem kleinen Heimstudio auf Englisch aufnehmen. Mein Englisch war aber so grottenschlecht, dass ich es unmöglich selbst sprechen konnte. Also fragte ich den Rabbi, mit dem ich damals liiert war. Die zwei lernten sich kennen und verstanden sich auf Anhieb super. So entstand die englische Version für meine ausländischen Gäste, die auf meiner Homepage auf der englischen Seite zu finden ist.

Gerit und Martinus lernten sich auch kennen, als wir wieder einmal bei Umbauarbeiten waren. Anfang 2011 bemerkte ich jedoch, dass es ihm schlecht ging und schickte ihn zum Arzt, was bei Männern allgemein nicht sofort fruchtet. Manche muss man förmlich hin schieben. Dann kann es aber oft schon zu spät sein. Das habe ich im Übrigen schon mit vielen lieben Stammgästen gemacht, wenn ich irgendwelche pathologischen (krankhafte Veränderungen) Auffälligkeiten festgestellt habe. Oft befolgten sie meinen Rat und waren im Nachhinein sehr dankbar für diesen Anstoß.

Im Dezember 2011 hatte ich echt Angst um Martinus. Es ging ihm so schlecht, dass ich fürchtete, ihn nicht wieder zu sehen, wenn ich aus meinem Weihnachtsurlaub zurückkommen würde. Doch er stand pünktlich, wie immer, an der Tür. War aber sehr eingefallen und wirkte schwach. Er konnte sich kaum hinsetzen und die Tasche tragen. Er war nun in ständiger Behandlung und zu allen möglichen Untersuchungen unterwegs. Am 16.1.2012 bekam ich die letzte gute Nacht Mail von ihm und am 17.1. sahen wir uns das letzte Mal.

Seine Lebensgefährtin rief mich an, er sei im Krankenhaus. Ich besuchte ihn auf der Intensivstation. Er war nicht mehr ansprechbar. Ich hielt lange seine Hand und sprach mit ihm, da ich aus meiner Krankenhausarbeit wusste, dass Schwingungen und Ansprache ankommen und Patienten alles wahrnehmen können. Ich habe diesbezüglich viel Erfahrung in meiner Tätigkeit in der Sterbebegleitung gesammelt.

Plötzlich stand seine Tochter am Bett und schimpfte. Ich solle sofort gehen. Ich kannte sie aus Erzählungen. Und sie war tatsächlich so, wie Martinus sie immer beschrieben hatte. Ihr Verhältnis war schon immer angespannt.

Am 29.1.2012, einen Tag nach seinem 81. Geburtstag, verstarb er. Ich war unendlich traurig und zündete jeden Tag zwei Kerzen für ihn an. Um Punkt 12 Uhr mittags.

Nach etwa zwei Wochen gegen vier Uhr morgens wachte ich erschrocken auf, da jemand meinen linken Fuß liebevoll massierte. Es waren genau jene Griffe, die Martinus in unserer Teepause machte. Oh, mein Gott. Hatte ich eine Nahtoderfahrung?

Es war Martinus. Mein Herz schlug so stark wie noch nie. Ich zwickte mich in den Arm, um mich zu vergewissern, dass ich wirklich wach war.

Und ich war wach. Und zwar glockenhellwach. Er massierte etwa zehn Minuten weiter. Ich sprach mit ihm und sagte auch, dass mich diese Situation echt ängstigte und ich jetzt aufstehen werde, um das Licht anzumachen.

Da spürte ich einen Luftzug, der durch mein Schlafzimmer ging. Aber alle Fenster waren geschlossen. Martinus war gegangen und ich stand völlig verstört im Zimmer.

Dieses Erlebnis hing mir noch viele Wochen nach. Ich las Bücher über Nahtoderfahrungen und stellte fest, wie ähnlich einige Berichte meinem Erlebnis kamen.

Martinus war wirklich bei mir gewesen, um sich zu verabschieden.

Der ohnmächtige Gast

Eines Nachmittags bekam ich Besuch von einem recht jungen Gast, der vor Angst sichtlich hypernervös war. Es war sein erster Besuch in einer Tantrapraxis.

Ich erklärte ihm liebevoll den Ablauf. Er ging vorher noch zur Dusche. Nach den Ausstreichungs-Ritualen drehte er sich um, sah mich mit aufgerissenen Augen an und fiel aus dem Stand auf die zum Glück vor ihm liegende Massagematratze. Dort blieb er regungslos liegen. Er war ohnmächtig geworden beim Anblick meines nackten Körpers: Sah ich so schlimm aus?

Ich legte ihm kalte Läppchen aufs Gesicht und die Beine hoch. Er kam relativ schnell wieder zu sich und stammelte: „Sorry, oh du wunderschöne Frau. So etwas ist mir noch nie passiert."

Mir auch nicht.

Er fasste sich schnell wieder. Hatte nicht damit gerechnet, dass ich nackt vor ihm stehe, und meinte, ich wäre seine erste Frau, die er live so sehen durfte. Tja, und die er auch gleich noch spüren sollte. Hoffentlich, dachte ich, würde er nicht sofort wieder ohnmächtig. Aber er hielt durch und genoss die Tantramassage.

Der einsame alte Mann

Eine wunderbare Begegnung ergab sich mit einem ganz lieben 75 jährigen Mann. Er war sehr traurig, da seine Frau vor einem Jahr verstorben war. Seitdem sehnte er sich nach körperlicher Zuwendung und war auf meine Adresse gestoßen.

Er fing an zu weinen und wollte keine Massage. Es ging ihm lediglich darum, eine ganze Stunde, liegend in meinen Armen gehalten zu werden. Dabei erzählte er mir sein ganzes Leben.

Er kommt seitdem alle zwei Wochen, mittlerweile auch zur Tantramassage. Aber er möchte auch immer gehalten werden.

Der junge Mann

In völliger Verzweiflung kam ein Gast zu mir. Seine Frau wolle seit der Geburt der Tochter keine Zärtlichkeit und keinen Sex mehr. Dabei sei vorher alles so schön gewesen.

Da war er wieder: der **Schrei nach Liebe**.

Ich empfahl ihm, nach der Tantramassage dringend zum Arzt zu gehen mit seiner Frau. Es könnten Hormonumstellungen bei ihr sein, schlimmstenfalls Schwangerschaftsdepressionen. Die Veränderungen seiner Frau waren schon kurz vor der Geburt festzustellen.

Einige Monate später besuchte er mich wieder. Seine Frau litt tatsächlich an Depressionen, die sie nicht in den Griff bekamen. Er blieb viele Jahre mein Stammgast, bis er wegzog mit einer neuen Lebensgefährtin.

Der gelähmte Gast

Am Telefon fragte mich eine unbekannte Stimme, ob ich auch einen Rollstuhlfahrer massieren würde.

Ich bejahte und ließ schnell einen Arbeiter kommen, der Schienen an der Eingangstreppe anbrachte. Damit war es aber nicht getan, denn der Gast war querschnittsgelähmt, und bekam bei anderen Anbietern keinen Termin, da sie sich überfordert fühlten.

Bei mir schon. Ich wuchtete ihn allein auf die Matratze, mein armer Rücken. Er konnte die Massage bis zum Po spüren, abwärts war alles taub. Ich wusste aber, dass eine Kopf- und Ohrenmassage sehr erotisch sein kann. Also legte ich Hand an. Er bekam tatsächlich einen erotischen Schauer, der ihn erregte. Er lechzte auch nach Liebe und fand keine Partnerin, die ihn so akzeptierte, wie er nun mal war.

Der Gehbehinderte

Seit 10 Jahren habe ich einen Stammgast, der einer der jüngsten Professoren ist und seit seiner Kindheit durch Kinderlähmung stark eingeschränkt war.

Er erzählte mir von seinen Träumen und Wünschen. Von einer Frau, einer Familie und Kindern, die ihm wohl nie vergönnt sein werden.

Er verehrte mich sehr, wie so viele, aber ich war unerreichbar für ihn und andere Gäste. Ich bin Tantrameisterin, deren Leidenschaft die Massagen und die Gespräche sind. Aber nicht mehr.

Trotzdem versuchte ich, ihm zu helfen. Wir suchten Möglichkeiten, im Internet eine Frau für ihn zu finden. Aber alle Anstrengungen blieben vergebens.

Eines Tages rief er mich an. Er habe die Traumfrau auf einem Symposium kennengelernt. Sie hatten sich ineinander verliebt und sahen sich jedes Wochenende. Wie schön. Ich freute mich für ihn ganz besonders. Er rief mich in der Folgezeit jedes halbe Jahr an und erzählte mir von seinem Glück.

Der Strafverteidiger

Vor ungefähr acht Jahren kam ein junger dynamischer Gast, der Strafverteidiger war. Er buchte jedes Mal nur die kleinste Session, da er immer im Stress war und anschließend wieder nach Karlsruhe musste. Von dort kam er extra zu mir, meistens direkt vor seinen Gerichtsterminen, um so den Kopf frei zu bekommen. Nur so konnte er adäquat seine Strafverhandlungen durchführen.

Er war echt lustig. Zu seinem Penis sagte er ‚Nudel'. „Wera, mach es meiner Nudel richtig schön!" Keine Frage. So wurde die Lingammassage kurzerhand zum Nudeln umgewandelt.

Der Flieger

Mir fliegen die Gäste zu. Das kann man ruhig wörtlich nehmen. Ein Gast flog jedes Mal aus Düsseldorf zu mir nach Frankfurt, um sich meiner Massage hinzugeben. Er hatte keine vergleichbare in seiner Region finden können. Welch ein super Gefühl für mich! Inzwischen kommt er seit vielen Jahren, erzählt mir aus seinem Business und gibt mir hin und wieder Ratschläge. Wir haben uns richtig angefreundet.

Der zugedröhnte Gast

Als ich eines Tages die Refugiums-Tür öffnete, blickte ich einen langhaarigen Mann an, der eine Sonnenbrille trug. Er erschien mir merkwürdig.

Er erzählte mir, er habe mit einer weltberühmten Band ein Konzert in der Festhalle und müsse sich jetzt erst mal entspannen. Er war jedoch so entspannt, dass er von meiner Massage wohl gar nichts mitbekam, denn plötzlich schnarchte er laut. Ich war schon ein wenig konsterniert. Er schlief tatsächlich tief und fest im Drogenrausch. Ja, erst jetzt kapierte ich. Als er herein gekommen war, schien er bereits zugedröhnt. Was ich auch an seinen Augen feststellen konnte.

Also setzte ich mich zu seinen Füßen und er erhielt eine zweistündige Fußmassage. Alles andere wäre eh für die Füß', im wahrsten Sinne des Wortes!

Anschließend wollte er mir eine Backstage-Karte schenken, aber ich hatte am Abend leider Termine. So war es immer. Mein Privatleben war sehr stark eingeschränkt und alles ist auf meine Massagen ausgerichtet. Wenn ich Verabredungen habe, stehen diese immer nur zu 50 % fest. All meine Freunde wissen das und haben sich darauf eingestellt.

Der alte Mann aus Amerika

Vor Jahren kam ein Herr zu mir, ich glaube er war Jude. Er war schon sehr alt und immer wenn er in Deutschland war, besuchte er das Tantra-Refugium.

Er erzählte mir, er habe sehr viel für die NASA in der Weltraumforschung gearbeitet und viele Innovationen mit entwickelt, die heute im ganz normalen Leben integriert sind, aber vor 50 Jahren noch unvorstellbar waren.

Ich hatte viele Gäste aus Amerika, die zur Musikmesse, der IAA oder zu Firmenmeetings nach Frankfurt kamen. Manche erfuhren von ihren Freunden und Bekannten vom Tantra-Refugium. Oder natürlich durch Google. Danke an dieser Stelle an Google und all diejenigen, die mich ihren Freunden empfohlen haben.

Der Heilige

Tja, und dann kam einmal ein Gast, den ich nicht sofort erkannte, weil er eine dunkle Sonnenbrille trug. Als er anfing zu reden, dämmerte mir, wer es sein könnte. Und als er sich entkleidete, wollte ich raus rennen oder am liebsten ohnmächtig werden. Diese Person war absolut heilig für mich. Natürlich war es auch eine besondere Ehre, aber irgendwie konnte ich beim besten Willen nicht. Er lächelte. Er sprach einige Brocken Deutsch, aber seine Aussprache klang amerikanisch: „Hast du einen Geist gesehen oder warum verschlägt es dir die Sprache?"

Logo, vor mir stand ein Geist. Und was für einer, der Leibhaftige!

Ich lächelte verschämt zurück und voller Respekt, mein Herz klopfte bis zum Anschlag. Ich stand kurz vorm Herzinfarkt, dabei war ich noch so jung und wollte nicht sterben.

Ich riss mich zusammen, trotz Schnappatmung, lächelte ihm zu und fragte, wie lange er bleiben wolle.

„Zwei Stunden. Du sollst sehr gut sein, sagt man, und ich habe deine wundervolle Homepage gesehen. Ich will es testen." Mein Ruf eilte mir voraus, aber nicht nur durch ganz Deutschland? Nun auch bei Promis in Amerika, toll.

Ich war am Flattern und zitterte wie Espenlaub. Dieser Mann würde gleich nackt vor mir liegen, spätestens dann würde ich ohnmächtig zusammen sinken, das war klar. Ich dachte an die Worte meiner Mutter. „Wer immer auch vor dir steht, egal in welcher Position er ist, nackt sind wir alle gleich." Und doch war er gleicher als alle anderen. Ihre

Worte ließen mich nicht entspannter werden. Es wurde eine Zittermassage. In Gedanken taufte ich sie ‚Weras Vibrationsmassage‘.

Als ich mit dem Rücken fertig war und kurz vor dem Satz stand: ‚Bitte dreh dich jetzt ganz langsam um‘, schoss mir das Blut ins Hirn, zurück in die Füße, und wieder hoch. Immer hin und her, jedenfalls fühlte ich mich so. Ich brauchte sofort einen Arzt, einen Defibrillator. Wo war das nächste OP-Team?

Ich baute ab und er drehte sich abrupt um. Mist, ich petzte die Augen zusammen, will ihn auf keinen Fall sehen. Will ihn so in Erinnerung behalten, wie er im angezogenen Zustand aussieht, diesen Heiligen, jedenfalls für mich.

Heilige haben halt auch ein Sexualleben oder zumindest ein eingeschränktes Liebesleben, sagte ich mir und meisterte diese schier unüberwindbare Hürde, so wie die Berge in der Toskana. Mit viel Schweiß, allerdings Angstschweiß.

Mein Gast lobte mich für meine exquisite Massage. Ich sei eine Berührungskünstlerin, sagte er, bevor er sich verabschiedete.

Oh, danke Meister. Meister des … nein, das bleibt mein Geheimnis bis in den Tod, denn Diskretion war und ist mein höchstes Gebot.

Nur so viel sei verraten: Er war und ist ein weltberühmter Schauspieler und Womanizer. Auch er hatte meine Homepage nach einer Empfehlung eines Freundes gesehen und war dadurch auf mein Tantra-Refugium aufmerksam geworden.

Frauen- und Paarmassagen

Auch viele weibliche Gäste besuchten mich im Tantra-Refugium, die ihre Weiblichkeit wieder spüren, sich neu erfahren oder einfach nur genießen wollten.

Frauen sind nicht primär auf den Orgasmus fixiert, sondern sie genießen die langen stimulierenden Berührungen und saugen sie fast auf. Das bewusste Fühlen, Genießen, das sinnliche Verschmelzen mit dem Herzen. Die Präsenz, das wirkliche Dasein bei allem, was geschieht, sind die Eingangstore zu tiefer Begegnung, sexuellen Freuden und dem Feuer der Lust, das wieder erweckt werden kann.

Es fühlt sich für mich sinnlich, weich und liebevoll getragen an. Oft fließen Tränen der Befreiung, endlich wieder einen Orgasmus nach langer Zeit erfahren zu dürfen.

Es waren auch schon Frauen bei mir, die zeitlebens noch nie einen Orgasmus hatten und ihn hier zum ersten Mal erleben durften. Übrigens Frauen in allen Altersklassen.

Die Paarmassage

Auch Paare buchen mich. Es sind in der Regel ganz besondere Energien und wundervolle Momente. Einzelsessions mit Männern sind anders.

Paarmassagen sind sehr, sehr anstrengend für mich, da ich bis zu 3 Stunden durcharbeite, wenn ich sie alleine durchführe.

Der jeweils nicht massierte schaut zu, um es auch zu Hause umsetzten zu können.

Ich zeige auch ungewöhnliche, sexuelle Stimulationen, die die Paare noch nie ausprobiert haben, um auf ungewöhnliche Weise zum Orgasmus zu kommen. Der Mann saugt und knabbert an der Brustwarze, bis sie so stark stimuliert wird, dass die sexuelle Energie bis in die Klitoris geleitet wird und so auch ein Orgasmus entsteht. Ebenso funktioniert es an den Fußzehen, was kaum jemand weiß oder glaubt.

Der Gast Jobär

2009 rief ein neuer Gast an, um einen Termin auszumachen. Er wollte eigentlich mich buchen, musste aber auf meine Mitarbeiterinnen ausweichen, da ich ständig gebucht war oder etwas anderes dazwischen kam.

Doch dann klappte es endlich einmal. Der Termin stand zu 100%, aber der Gast vor ihm hatte um zwei Stunden verlängert. So kam es, dass er wieder von meiner Kollegin massiert wurde.

Der Gast ließ nicht locker, probierte es wieder und siehe da, diesmal hatte ich frei und Zeit und massierte ihn. Seitdem ist er Stammkunde. Er heißt eigentlich Jo, aber da er etwas rundlich ist und viele graue Haare hat, taufte ich ihn anfangs Graubär, später dann Jobär.

Es entwickelte sich eine kameradschaftliche Freundschaft. Er ist handwerklich sehr begabt, repariert mir hier und da Einiges und kennt sich am PC ganz gut aus.

Ich fand schnell heraus, dass ihm sein bisheriges Leben öde und eingefahren erschien und er mit den

Tantramassagen seine neue Passion entdeckt hatte. Er wollte sein Leben neu leben, offener und voller Lebensenergie, ohne jedoch seine Ehe zu gefährden. Er besuchte dann in ganz Deutschland Tantramassagen, aber er stellte immer wieder fest, dass mein Tantra-Refugium durch nichts zu toppen sei.

Einmal beichtete mir Jobär, er wolle mal die männliche Energie fühlen. Er war schon immer für alles offen. Wir suchten im Internet nach einem Tantramasseur und fanden Ingo aus Berlin bei Men-Tantra.de, den er auch besuchte.

Jobär erzählte mir danach begeistert von ihm. Ingo würde ähnlich arbeiten wie ich, sei ein supersympathischer junger Mann um die 42 Jahre und vom Sternzeichen Wassermann. Alle Wassermänner verstünden sich auf Anhieb.

Mit seinen Erzählungen weckte Jobär meine Neugier, was ich ihm auch sagte. Also schenkte er mir eine Tantramassage bei Ingo. Ich hatte zwar zunächst gemischte Gefühle, von einem schwulen Mann tantrisch massiert zu werden, nahm das Geschenk aber an und fuhr zu Ingo. Das war im Juni 2012. Wir sahen uns und schon im ersten Augenblick war eine Verbindung zu spüren. Ich sah Energie und ganz viel Liebe in seinen Augen. Sein Tantramassagetempel in Berlin in der Motzstraße war mit so viel Liebe und Hingabe eingerichtet wie meine Praxis. Und auch seine zweistündige Tantramassage war unbeschreiblich, deshalb kann ich darüber jetzt nicht berichten. Aber Ingo macht einen Berlinbesuch zum Höhepunkt.

Ingo und ich beschlossen zu einem Seminar von Andro, ja, dem besagten Andro mit dem schwarzen Buch zu fahren, er war inzwischen eine lebende Legende im tantrischen Bereich.

Ich hatte ihn 2001 auf einer spirituellen Messe in Bockenheim an seinem Stand mit seiner Frau beobachtet. Er schien mir damals sehr groß und unnahbar.

Wir trafen uns in Dresden bei Sinnes-Art, einem Tantra-Zentrum, in dem Andro dieses Seminar leitete. Dort erfuhren wir allerdings, dass sie ihn nur dazu eingeladen hatten und er an einigen Stunden dabei sein sollte. Es war Freitagabend und sollte um 20 Uhr beginnen. Ständig kamen SMSe von Andro, dass er sich verspäten würde. So überbrückte die Leiterin die Zeit, indem sie von ihrem Werdegang erzählte. Um etwa 22.45 Uhr kam der Meister des Neotantra. Oh! Wie klein er war. Ich hatte ihn ganz groß in Erinnerung. Und er war auch in die Jahre gekommen. Etwa 70 schätzte ich.

Wir waren schon gar nicht mehr aufnahmefähig und seine Audienz war an diesem Abend nur noch 1,5 Stunden. Wir waren echt todmüde, obwohl Andro uns wirklich fesselte mit seinen Erzählungen.

Morgens um 9 Uhr ging das Seminar los. Nach einem langen Vorgespräch mit der Leitung kam endlich der Meister und führte eine Kamasutratantramassage vor. Man brauchte dazu einen guten und stabilen Rücken und nicht wie ich einen Bandscheibenvorfall mit OP 1995. Aber ich machte mit, soweit es mir möglich war. Was wir durchnahmen, hatte ich in ähnlicher Form schon bei Advaita erlebt. Es war auch nicht für meine Tantramassage im gewerblichen Rahmen umzusetzen, aber unter dem Aspekt, Andro und weitere nette Leute kennengelernt zu haben, eine Bereicherung meiner Erfahrungen mit Tantra.

Abends gingen wir in der Dresdner Altstadt bummeln und lecker essen. Sonntagmittag verabschiedeten wir uns. Ich drückte den zarten, etwa gleichgroßen Andro an meine Brust und fühlte mich so in meiner Mitte, im Leben, voller Energie.

Kürzlich war Ingo eine Woche in Frankfurt zu Gast in meinem Refugium und konnte auch Gäste aus Frankfurt massieren.

Jobär, Ingo und meine Freundin, die auch von Ingo massiert wurde, gingen zusammen in das Restaurant „Unter den Linden" bei den lieben schwulen Jungs, die es auch mit ganz viel Herzblut betreiben.

Zurück zu Jobär

Heute bekam ich eine SMS von einem Mann, Ben aus New York, was inzwischen nichts mehr Ungewöhnliches ist. Ich hatte viele Klienten aus den USA, die meine Homepage sahen und dann einen Termin ausmachten. Er schrieb, er käme um 13 Uhr.

Ich rief kurz zurück, um den Termin zu bestätigen, er hatte eine wirklich sympathische Stimme.

Hoffentlich wollte er nicht so lange bleiben, dachte ich, schließlich musste ich an meinem Buch weiterschreiben. Ich war voll im Schreibfieber, konnte das Ende kaum abwarten.

Es klingelte, ich sah durch die Scheibe der Tür und erkannte jemanden mit einem riesigen Blumenstrauß und von „Eis Christiana" eingepackte Kaffeetassen.

Als ich ihn hereinließ, stand Jobär, mein Stammgast, vor mir. Oh, ich musste ihn wohl vertrösten, da ich gleich den Amerikaner erwartete, der einen festen Termin ausgemacht hatte. So spontan konnte ich nicht annehmen.

Jobär grinste und meinte, er hieße heute Ben und komme aus New York.

Wir brachen beide in heiteres Gelächter aus. Dieser Schluri! So wollte er mich überraschen. Ist ihm voll gelungen.

*

Oho! Mein Buch macht mir so viel Freude, dass ich fast meine nächste Massage vergessen habe. Inzwischen schreibe ich so gern, dass ich mich fast gestört fühle, wenn jemand in der nächsten Stunde einen Termin möchte. Aber zum Glück sind momentan Herbstferien und es ist weniger los, da viele im Urlaub sind. So kann ich in Ruhe und voller Gedanken und Gefühle weiterschreiben. Mich und mein Leben weiter ergänzen, bereichern mit Erinnerungen und in alten Erfahrungen schnüffeln.

Ich spüre, dass es rund wird, dass ich mit dem Buch etwas Einzigartiges schaffen kann. Etwas, das es bislang nicht gab. Sozusagen Tantra von innen. Von Anfang an. Ich. Mein Leben. Mein Refugium. Meine Gäste. Meine Familie.

*

Aus meinem Viertel – mein Nordend, mein Tantra-Refugium, meine Arbeit

Das Nordend ist eine sehr interessante Ecke Frankfurts. Restaurants wie Settimo Cielo, ein toller Italiener, Terranova, ein italienischer Familienbetrieb, ganz toll, und meine Jungs „Unter den Linden", bei denen ich meinen Geburtstag im Februar bis morgens um 4.30 Uhr gefeiert habe. Kleinbühnen wie das Stalburgtheater, ein kleines Kino und viele Restaurants – es ist nicht einfach, sich zu entscheiden, wo man hingeht.

All das und mehr liegt in meinem Bermudadreieck, in dem man richtig nett versacken oder versinken kann. Übrigens: Meine unmittelbaren Nachbarn, ein sehr nettes Paar, haben in ihrem Garten auch tibetanische Fähnchen hängen. So entstand der Begriff spirituelles Dreieck im Nordend, was ich bisher noch nicht wusste.

Vor ein paar Tagen war ich in meiner geliebten Weinstube an der Eckenheimer Landstraße, die ich seit 2 Jahren sehr selten besuche, da sich die Prioritäten verschoben haben. An der Theke war nach wie vor mein liebster André, ohne den das Geschäft nur halb so gut laufen würde. Er hat einen Superhumor und ist immer gut drauf.

Wir gingen vor die Weinstube, da er eine rauchen wollte, und er erzählte mir, wie amüsant er es fände, wenn ich reinkomme. Die Leute, Stammgäste und auch neue, sähen mich ehrfürchtig an und hätten einen Heidenrespekt vor mir. Durch mein großes Schaufenster, worin ein riesiges Portrait von mir hängt, inklusive der Kurzbeschreibung meiner Arbeit, erkennen mich viele als die ‚Meisterin' aus der Weberstraße 45.

Oft schon wurde ich von Fremden freundlich gegrüßt, was in der Großstadt sehr ungewöhnlich ist. Ich glaubte schon, ich litte an Alzheimer, da ich sie nicht einordnen konnte.

Natürlich schätzten sie meine Gegenwart, da man mit mir jede Menge Spaß haben kann, den ich selber zur Abwechslung brauche. So mancher, der die Weinstube eigentlich gerade verlassen wollte, blieb noch, weil er mich nicht verpassen wollte und dann wurde es in der Regel sehr spät für alle und André freute sich über den vermehrten Umsatz.

Nun sagte er zu mir, weißt du eigentlich, dass man über dich hier im Viertel nur Positives hört? Ich sei ein ganz besonderer Mensch mit einer außergewöhnlichen Praxis ergänzte er.

Na, sowas höre ich doch gerne, denn wenn ich an die Schwierigkeiten in der Anfangszeit denke, was da alles erzählt wurde, lässt es mich 10 cm wachsen.

17

Wieder in der Sauna

Ich fahre durch den herbstlichen Wald. Die Bäume stehen in ihrer bunten Blätterpracht, ein tolles Farbenspiel. Ich öffne das Fenster, um den Duft der feuchten Erde und des Waldes zu riechen. Welch ein Duft. Es ist die optimale Zeit, um Pilze zu sammeln.

Das habe ich damals immer mit meinem Mann gemacht. Die Hälfte haben wir abends in der Pfanne gebraten, den anderen Teil getrocknet.

Aber jetzt bin auf dem Weg in die Sauna nach einer anstrengenden Woche. Mein Rücken schmerzt vom langen Sitzen am PC, da ich die vergangenen Wochen oft fünf bis acht Stunden täglich an diesem Buch geschrieben habe. Auch morgens schon um 6 Uhr oder abends bis in die tiefe Nacht. Meine Gedanken flossen, meine Erinnerungen kochten hoch. Ich musste sie niederschreiben.

Ich freue mich auf meinen Whirlpool, die Aufgüsse und meine Saunafreunde.

Heute fühle ich eine besondere Energie, als ich den Pool betrete und mich den Blubberblasen hingebe.

Ich sehe einen Mann auf mein Whirlpool-Glashaus zukommen. Er sieht mich, lächelt, öffnet die Tür und wünscht mir einen guten Morgen. Ein verschmitztes Lächeln aus einem markanten, interessanten Gesicht strahlt mich an.

Er entledigt sich seines Bademantels und ich sehe einen wahnsinnig tollen Lingam (= Penis im Tantrischen). Aber jetzt bin ich privat und denke mal nicht tantrisch, sondern als Frau mit all ihren Sehnsüchten und Fantasien. Mein Gott. Er hat einen schönen, kräftigen Schwanz. Im halberigierten Zustand steigt er zu mir.

Wir kommen ins Gespräch. Ich schließe die Augen und spüre seine Energie. Nein, es ist seine Hand. Oder sind es doch die Blubberblasen?

Es ist seine Hand, die langsam vom Bein zum Oberschenkel streicht. Er greift nach meiner Hand und hält sie ganz fest.

Ich blinzle ihn aus halbgeschlossenen Augen an. Er mich auch. Wir lächeln und sagen uns nonverbal: Ja! Ja, zu was? Ja, zum Leben. Zur Erotik. Ja zu dem, was jetzt passieren kann und auch passieren wird.

Zwei Fremde, die sich begegnen und nach Liebe und körperlicher Nähe lechzen.

Und da ist er wieder, der **Schrei nach Liebe.**

Nein, diesmal nach Sex.

Mein Körper schreit wirklich danach.

Im Sprudel des Wassers lassen wir unsere Hände einfach spielen. Sie dürfen machen, was sie wollen. Ich fühle seinen harten, strammen Schwanz und seine Hände an meinen Brüsten.

Unsere Münder kommen sich immer näher und wir küssen uns. Er hat unglaublich zarte Lippen. Mir wird noch heißer, als es im Pool ohnehin schon ist. Mein Körper bebt und zittert vor Erregung.

Er nimmt mich an der Hand. Wir verlassen das Glashaus und gehen in die nahegelegene Erdsauna. Zum Glück stehen keine Badeschuhe davor.

Wir haben das Häuschen für uns alleine. Ein kleines Holzhaus mit einem kleinen Kamin und in der Holztüre befindet sich ein rundes Fenster.

Mein Begleiter breitet sein großes Saunatuch auf der Bank aus und ich lege mich langsam auf den Rücken. Unsere Körper glänzen. Die Schweißperlen laufen an uns herunter. Ich spüre seine Hände, die mich sanft streicheln. Dann zarte Küsse, die meine Brustwarzen umschließen. Er beginnt, leicht bis kräftig daran zu saugen. Ich werde wahnsinnig vor Geilheit. Es strömt durch meinen gesamten Körper.

Ich schwebe in der Erregung und seine Lippen wandern weiter zum Bauchnabel. Vor meinem Venushügel hält er inne. Ich zerplatze fast.

Und dann verwöhnt er mich mit seiner Zunge. Unglaubliche Glücksgefühle durchströmen mich. Mein Körper zuckt, ich stöhne vor Lust und gebe mich ganz hin.

Die Erregung steigert sich bis kurz vor dem Höchsten, dem Orgasmus. Doch dann stoppt er und gibt mir eine Pause. Ich sehe, wie er ein Kondom in der Hand hält. Hoffentlich schmilzt er nicht. Die Hitze der Sauna und unsere eigene noch dazu, das hält doch kein Gummi der Welt aus.

Er legt sich ganz behutsam auf mich und dringt ein, in mich, mit ganz langsamen Stößen steigern wir unsere Lust. Mir wird so heiß, ich glaube, ich kollabiere gleich.

Plötzlich hören wir Schritte und hören auf. Ich stelle mich vor das Fenster. Ein Paar schlendert an unserem Liebestempel vorbei. Ich strecke ihm meinen Po entgegen und meinen vor Lust brennenden, kurz vor der Eruption stehenden heiligen Yonitempel. Er nimmt mich wild und hemmungslos.

Ich stöhne und schreie vor Lust. Sein wollüstiges Stöhnen dringt an mein Ohr, was mich sofort noch mehr erregt. Da steht plötzlich eine Frau an der Tür und will sie öffnen. Wir springen auseinander, nehmen die Tücher und verlassen die Sauna.

Schon wieder so ein Interruptusgast!

Es ist kalt, aber mit der Hitze und der Leidenschaft gehen wir dampfend hinter das Haus, legen das Tuch ins nassfeuchte Herbstgras. Ich setzte mich auf ihn, umschlinge seinen wundervollen Schwanz und massiere ihn mit meiner stark ausgeprägten Scheidenmuskulatur. Durch Beckenbodenübungen, Neudeutsch Pilates, bin ich ein kleiner Arnold Schwarzenegger.

Er kann es nicht fassen, ich massiere seinen Schwanz kräftig nur mit meiner Yoni-Arni-Muskulatur. Dann werden die Stöße heftiger und wir lassen es geschehen. Wir kommen gleichzeitig zum unglaublichen Höhepunkt und sacken dampfend zusammen.

Welch ein Erlebnis. Ich schwebe im Zustand der Glückseligkeit. Mein Körper zuckt immer noch nach und ich spüre seine warmen Hände an meinem Körper.

Ich öffne die Augen und sehe mich im Ruheraum im 30 Grad temperierten Wasserbett liegend, nein, das war jetzt kein Traum, es fühlt sich so echt an, und meine Yoni zuckt noch nach.

Ich fasse an meine Scheide. Sie ist megafeucht, meine Klitoris riesengroß und meine Atmung noch sehr stark. Ich hatte wirklich einen Orgasmus, aber allein im Ruheraum.

Hatten sich die letzten Begebenheiten in der Sauna nur in meiner Fantasie zugetragen? Das überlasse ich dem Leser. Wahrheit oder Imagination?

Apropos Fantasie: Ich habe meine neue Passion gefunden. Es wird weitere Bücher von mir geben. Erotische Fantasien bei meiner tantrischen Arbeit während der Massagen und aus dem Leben schlechthin. Es wird heiß, sehr heiß!

18

Danksagung und Schlusswort

Ich danke allen meinen Gästen, denn ohne euch wäre ich nicht da, wo ich heute bin. Ich danke euch für euer Vertrauen.

Ich danke dir, dass du dieses Buch gekauft hast und hoffentlich viel Spaß beim Lesen hattest.

Ich danke meiner damals sehr strengen Mutter, die mir Disziplin und Durchhaltevermögen vermittelt hat.

Ich danke meinem Vater, der mir seine Kreativität und Abenteuerlust vorgelebt hat.

Ich danke meinem Lektor Gerd Fischer, der eine echte Aufgabe und eine neue Herausforderung mit meinem Buch hatte.

Ich danke der Firma aus dem ehemaligen 10. Stock, die heute ein Imperium darstellen, den Mitarbeitern, den Webjungs für die Umsetzung meiner Homepage und insbesondere Patrick, meinem Anzeigenberater, den ich oft nerve und das weiter bis ans Ende meiner Tage. Du wirst mich nicht los.

Ich danke Advaita, einer ganz tollen Frau und Tantrikerin.

Ich danke Osho posthum. Seine Bücher und Botschaften haben mir die Perspektive auf das ganzheitliche spirituelle Leben gegeben.

Ich danke einfach allen, die ich jetzt nicht erwähnt habe. Danke an das Universum, danke an das Leben......

Und einen Wunsch hätte ich auch noch: Vielleicht ist da draußen irgendjemand, der mein Herz erobern kann. Das wäre mein Traum.

Mehr Fotos aus meinem Leben kann jeder einsehen auf www.tantra-refugium.de. Einfach in die Galerie gehen und das Buch anklicken.

Euch allen wünsche ich ein Leben voller Liebe (ansonsten würde ich mich über deinen Besuch bei mir im Tantra-Refugium freuen)

Schlusswort

Mein Ziel ist es, dem Gast eine andere Welt aufzuzeigen, in andere Dimensionen der Lust zu gelangen, sich neu zu erfahren, sich so anzunehmen, wie man ist, in die Energie zu gehen, Blockaden zu lösen.

Wenn du im Loslassen bist rollen oft Tränen, Tränen der Öffnung, des Zulassens, dass alte Verletzungen aufbrechen. Ich lege mich dann nach der Massage neben dich, lege eine warme Kuscheldecke um dich und halte dich in Liebe.

Wer immer du bist, hier wirst du in Liebe gehalten, hier kannst du sein, hier bist du Mensch!

Ich habe ein heiliges Refugium geschaffen für Körper, Geist und Seele, für euch, und werde so lange hier arbeiten, bis man mich hinaustragen wird.

Es ist mein Leben, meine Passion!

Namaste, Tara Wera

19

Einträge im Gästebuch der Homepage www.tantra-refugium.de (Rechtschreib- und Kommafehler nicht korrigiert!)

Stefan

Liebe Wera, ich kam zu dir verspannt aber voll Erwartung. Ich wollte bei dir meinen Körper kennen lernen und vielleicht Abhilfe für mein ED-Problem finden (Prostatektomie). Und ich dachte, etwas Seltsames könnte vielleicht bei dir geschehen. Ein Wunder sogar. Aber für ein Wunder braucht man Magie, und für mich (armer Physiker und Mathematiker) gebe es doch keine Magie zu holen. Die Riemannsche Vermutung lässt sich bestimmt beweisen, Relativität kann man mit Quanten verschmelzen, aber Magie erzeugen ... Wera, deine Hände waren Magie, dein Körper hatte Zauberkraft. Ich war mal schwebend in wunschloser Seligkeit, mal durchgeströmt von Wellen der Sinnlichkeit, mal festgenagelt von Tsunamis brennender Lust. Und das Wunder geschah ... Alles passierte von selbst und absichtslos, die Gefüle waren pur und ungezwungen. Es war so einfach; nichts tun, nur hingerissen werden. Da sein und neues erleben. Wera, du Zauberin, du hast mich mit meinem Körper überrascht! Danke und liebe Grüße, bis bald wieder, dein Stefan

Sushika Kusai

...nicht nur ICH, sondern auch meine SEELE kommt wieder. Schön, dass ich DICH finden dürfte! Wahrhaftiges DANKESCHÖN.

Hajimemashite, dozo yoroshiku Domo arigato gozai masu. Bis "ganzbald"

revolution man

Liebe Göttin, Tara Wera, nur dieses Wort fällt mir ein, für das was ich bei Dir erleben durfte. Eine Frau mit Charisma, Charme, Offenheit, Intelligenz, Freude am Leben, Sinnlichkeit pur und vor allem 2 magischen Händen. Ich kam total verspannt und voller Adrenalin zu Dir – die Stunden vergingen wie im Fluge, es war unglaublich, großartig, wunderbar, wundervoll, entrückend, tief gehend, total erotisch dazu, prickelnd, in keiner Phase aufgesetzt, authentisch, bombastisch, granatenmäßig – bin noch auf der Suche nach mehr Lobeshymnen. Es war gigantisch und man sagt ja, das Beste kommt zum Schluss: kräftige Farben und ein nicht endender Strom der Gefühle. Panta rhei (Heraklit) – alles fließt. Danke für diese Offenbarung. Dir wünsche ich ein weiterhin schönes Leben, das hast Du, das weiß ich genau. in Liebe Dein jörg

Nic

Liebe Tara Wera Angela, danke für die wunderbare Tantrische Session die ich heute wieder bei dir erleben durfte, deine göttlichen Hände, dein Körper das ist einfach der Wahnsinn was ich schon beim ersten Besuch geschrieben hatte, man muss es wirklich bei dir selbst genießen um dieses Erlebnis zu beschreiben. Herzlichst Nic und Danke schön

Nic

Hallo liebe Tara Wera Angela, ich stehe immer noch unter dem Wahnsinns Eindruck deiner Tantrischen Session die ich gestern bei Dir erleben nein genießen durfte, mir fehlen ganz einfach die Worte, es ist auch nicht zu beschreiben man muss es einfach bei Dir mit deinen göttlichen Händen und Körper genießen dürfen! Herzlichst Nic

Susanne und Peter

Hallo liebste Tara Wera, wir waren als Paar vor einigen Tagen bei Dir, und Du hast uns so herzlich empfangen, obwohl Du uns gar nicht kanntest. Du warst so lieb und respektvoll, unglaublich. Wir waren schon bei anderen Tantra-Anbietern in Frankfurt; aber Deine Session hat alles übertroffen. Im Vorgespräch wolltest Du erst einmal unsere Intention erfahren, warum wir zu Dir kommen. Du hast uns durch geschickte Fragestellungen wieder einiges klargemacht, was wir durch die Routine des Alltags schleichend vergessen haben. Dann Deine wundervolle Massage für mich und meinen Mann nacheinander. Das hat Dich sicher viel Energie gekostet; aber Du siehst immer strahlend und entspannt aus. Du bist wirklich eine tolle Frau. Danke für die schöne Zeit bei Dir. Susanne und Peter aus Darmstadt

Jens

Hi liebe Wera, ich hatte schon mal einen Gästebuch-Eintrag geschrieben, der aber verschwunden ist. Mein erstes Tantra-Erlebnis hatte ich vor 2 Monaten bei Dir, und es war der Wahnsinn. Ich kann mich nur den Vorberichten anschliessen. Dann habe ich ein anderes Studio ausprobiert. Schade, es war rausgeschmissenes Geld. Kein Vergleich mit Dir. Dazwischen liegen Welten. So habe ich Dich in der letzten Woche wieder besucht und eine sooooo schöne Tantra-Massage erhalten, die unübertroffen ist! Bitte lebe Deine Passion noch ganz viele Jahre. Ganz liebe Grüsse Dein Jens

Drea

Liebe Tara Wera Angela, zusammen mit meinem geliebten Ehemann hast du uns ganze 2 1/2 Stunden verzaubert. Wir durften eine neue Form der Massage erleben, die uns ganz fantastische Erlebnisse und Gefühle für uns beide eröffnet hat. Wir genossen deine offene und einfühlsame Art, deine Wertschätzung des anderen gegenüber egal ob Mann oder Frau. Gemeinsam eröffneten wir dieses unvergeßliche Erlebnis mit einem gemeinsamen Bad, der Name des Badezusatzes "Herzklopfen" ließ meines schon höher klopfen, du reichtest uns frische Erdbeeren, so dass auch der Geschmackssinn köstlich stimmuliert wurde. Ich konnte mich als Frau deinen Händen vollkommen anvertrauen und zu sehen, wie sehr mein Mann deine gekonnten Griffe genoss, wurde ein weiteres highlight an diesem Abend. Nun haben wir eine Form des "in Kontakt kommens" gefunden, der all unsere Sinne anspricht, wie göttlich! Hab Dank für dieses wunderbare Erlebnis. Wir wünschen dir auf deinem weiteren Weg nur das Beste, erhalte dir deine einfühl-same Art und deinen Humor. Gott hat uns alle fünf Sinne geschenkt und den der Spiritualität konnte ich hier auch erleben. Hab Dank dafür! Es grüssen drea & Mark (Ehepaar seit 1990 und

auf neuen Wegen, um wieder näher zusammen-
zurücken)

Graubär

Hochverehrte Shakti, meine Tantra-Göttin, Du
verwöhnst mich ja regelmässig und immer wieder
gibt es Überraschungen: die letzte, die ich
erlebt habe, war die Klangliege. Bei meinem
heutigen Besuch: Die Tür geht auf und eine
leuchtende Göttin in einem Flammenkleid kommt
auf mich zu. Das Kleid betont Deine anmutige
Figur, die von Mal zu Mal attraktiver wird –
Du siehst jedesmal jünger aus – als Mann sieht
man natürlich fast nur diese atemberaubenden
Brüste. Das macht Deine liebevolle Umarmung
dann erst recht erotisch. Nach der Klangliege
–die Symphonie der Klänge vibriert noch in
meinem Körper - zum Beginn der Massage dann
der Hammer – Die Musik kommt mit kräftigen,
überall in den Körper dringenden Bässen –das
muss Mann (oder Frau) erlebt haben! Du hast ja
immer schon sehr energetische, intensiv die
Berührungen Deiner Hände und Deines Körpers
unterstützende Musik ausgewählt! Und dann die
Meditation – mit Bassvolumen und Deiner ge-
hauchten Stimme – wow. Als Du dann nach der
Klangschale die Raumbeleuchtung etwas heller
machst, habe ich erkannt, was der in schwarzem
Klavierlack gehaltenen Pyramiden ist – ein
mächtiger Subwoofer. Ich muss jetzt unbedingt
bald wiederkommen, um mich von den Bässen von
Deinen sanft und liebevollen Händen streicheln
zu lassen. Dein Bum-Bum-Bär

Hans-Peter

Liebe Tara Wera Angela, Danke für die wunderbare „Sinneszauberreise" bei der letzten Mas-

sage. Ich bin ja schon einige Jahre Stammgast und erlebe immer wieder neue Überraschungen bei Deiner einmaligen Tantra-Massage, die immer wieder aufs Neue meine Sinne anregen. Jede Massage ist immer wieder anders mit neuen sinnlichen, erotischen Erfahrungen. Deine Massagen verbinden auf einmalige Weise kraftvolle, physiotherapeutische Massagen mit zarten Berührungen, die alle Sinne anregen und meinen ganzen Körper zum Schwingen bringen. Jetzt hast Du eine neue Errungenschaft, die Deinen „Sinneszauberreisen" die Krone aufsetzt: die „Klangliege". Nachdem Du mich in Deiner einmaligen Art mit Respekt, Achtsamkeit und Liebe empfangen hast und in Dein Kaminzimmer geführt hast, hast Du mir eine Massage mit einer „Überraschung" angeboten. Nach der Dusche hast Du mich gebeten mich im Kaminzimmer auf eine Holzliege zu legen. Du setzt Dich davor und spielst auf den Saiten, die unter der Liege, dem Instrument gespannt sind, einmalige, wunderbare, harfenähnliche Klänge, die z.Teil wie bei einem indischen Insrument z.B. einer Sitar klingen. Diese Töne umfassen ein Spektrum vom tiefsten Bass bis zu den höchsten Höhen. Du spielst das Instrument in der gleichen Intensität und Präsenz mit der du auch massierst. Die Klänge erreichen mich sowohl als hörbare Töne wie auch als wahnsinnig intensive Schwingungen. Die Bässe dringen wie körperliche Schwingungen in meinen ganzen Körper und lassen mich schwingen vom Kopf direkt unter der Schädeldecke bis zu den Fußspitzen ähnlich den Bässen, die in der Disco in den Bauch dröhnen. Diese Klänge holen mich ganz tief runter. Nach 10- bis 15-minütigem Spiel bin ich ganz weit weg. Mit Deiner Hilfe steige ich nach einer kurzen Ausklingphase von dem Wunderinstrument herunter und lege mich erwartungsvoll in Deinen Massagetempel. Meine Sinne sind durch die Behandlung auf der Klangliege viel weiter geöffnet für Deine Massage als früher. Ich brauche keine Zeit mehr um den Alltag rundherum zu vergessen, mein Körper und meine Seele sind ganz weit geöffnet für das Annehmen und Geniessen Deiner Berührungen während der folgenden Massage. Ich habe schon wieder zuviel geschrieben, weil es mich so tief beeindruckt hat und noch lange nachklingt, mindestens bis zu meinem nächsten Termin bei Dir in der kommenden Woche. Ich werde immer süchtiger nach Deinen Massagen. In einem Satz: Die „Sinneszauberreise" mit der Klangliege ist eine Wucht!!! die ich jedem dringend empfehle. Alles Liebe Dein Hans-Peter

Gast und Verehrer I.

Liebe Wera, Du bist für mich der Inbegriff eines Weibes. Dein Körper, Dein Busen, Deine Oberschenkel, eben Dein gesamter Körper ist eine Wucht Weib, der auch meine erotischen Träume beflügelt. Deine hingebungsvollen Tantramassagen sind einmalig, wirklich eine Sinneszauberreise. Ich empfehle es Jedem. Gruß I.

Winnie Puh

Liebe Tara Wera Angela, Du hast mich schon so oft mit Deiner ganzen Liebe zur Begrüßung umarmt, mich ganz zärtlich in Dein Kaminzimmer geführt, mich sanft auf Deiner Massagematte abgelegt und dann zart meinen ganzen Körper mit Deinen Zauberhänden überstrichen, daß sämtliche Körperhärchen sich wie elektrisiert aufgerichtet haben und …… ich habe jetzt schon einige Monate kein Dankeschön in Deinem Gästebuch hinterlassen – das ist unverzeihlich!

Über Deine Massagekünste und meine Empfindungen dabei habe ich Dir schon viel in meinen Gästebucheinträgen geschrieben, hier einige meiner knapp formulierten Eindrücke von Dir, wie ich sie Dir bis heute noch nicht geschildert habe: Du gestaltest Dich selbst schön wie alles um Dich herum in Deinem Refugium. Du schminkst Dir die Lippen, weil Du Dich selbst gerne im Spiegel siehst, nicht für andere Du bist die Göttin, nicht nur in dem Bild in Deinem Empfangsraum vom Künstler dargestellt, sondern auch in natura. Wenn Du massierst lebst Du für diesen Augenblick, ohne an gestern oder morgen zu denken… Du übst nicht Verführung aus, sondern Du bist Verführung !!! Du weißt, dass Du für das geliebt wirst, was Du bist; nicht für das, was Du sein willst… Wenn Osho Dich noch erleben könnte, er würde sich vor Dir verneigen, weil es wohl niemanden gibt, der so konsequent tantrisch nach seiner Lehre lebt wie Du. Ich weiß, Du bedauerst ihn nicht kennengelernt zu haben. Für uns in der westlichen Welt ein Glück, sonst wärst Du sicher in Poona verschwunden. Du lebst „Maitri", englisch „loving-kindness" ins Deutsche übersetzt: Herzensgüte, Liebe, Freundschaft und Gewaltlosigkeit (ähnlich wie Petra Kelly), du sorgst Dich absichtslos um das Wohlergehen dir nahestehender Menschen ohne etwas von Ihnen zu erwarten. Du gibst nicht nur in Deinen Massagen Deine ganze Liebe hingebungsvoll an alle Empfangenden weiter, sondern auch im Alltag begegnest Du allen Menschen mit Deiner ganzen Liebe. Alles was Dich beschreibt, beschreibt Dich unvollkommen. Du bist sicher keine vollkommene Göttin, sondern auch nur ein Mensch mit Stärken und Schwächen, aber für mich als Mann bist Du so vollkommen wie Deine Brüste mit Deinen wahnsinnig erregenden Brustwarzen (besonders wenn sie beim Body to Body massieren meinen Rücken streicheln, wie die Fransen eines Lunghi über meine Pospalte streichen) und die Schamhaare auf Deinem Venushügel, die wie ein Drei-Tages-Bart kurzgeschoren meinen Rücken sehr erregend berühren. Wenn ich mich endlich aufrappele und Dir einen Gästebucheintrag widme, kann ich mich leider nicht kurz fassen, weil mir nach jedem Satz noch etwas Neues einfällt, was mich so an Dir fasziniert. Aber jetzt breche ich mal ab, um die oben beschriebenen Eindrücke prägnant für sich stehen zu lassen. Ich nehme mir ernsthaft vor, möglichst bald nach meinem nächsten Termin bei Dir (auf den ich mich noch drei Tage freuen darf) meine nächsten Eindrücke in einem Gästebucheintrag zu schildern. Namasté Winie Puh, Dein tolpatschiger Bär

Juergen

Das Jahr neigt sich dem Ende zu. Es gab für mich so viel Arbeit, wie noch zuvor. Deshalb hatte ich nicht ein einziges Mal Zeit verfügbar, um Tara Wera Angela zu besuchen. Es ist nicht in Worte zu fassen, wie sehr mir der Blick ihrer Augen, die Berührung ihrer Hände und ihre so unendlich weibliche Ausstrahlung fehlten. Wie sehr bebte ich innerlich, wenn ich auf den Beginn ihrer Massage wartete. Es war immer wie ein erstes Mal, sich nach ihrer Berührung zu sehnen. Begann Tara mit der Massage, versank ich in eine andere Welt, in der nur noch Gefühle und Wärme zählten. Hier begann schon das Samadhie-Erlebnis, das sich in auf- und abebbenden Wellen der Lust erstreckte. Es wurde getragen vom Blick in Wera Augen, denen man die Liebe ansah, mit der sie den Gast - hier: mich - umgab, den Berührungen durch ihre Hände und ihren weiblichen Busen und ihrem Anschmiegen im Tantra-Ritual. Liebe Wera Angela, ich verneige mich vor Dir als Inbegriff der Verbindung weiblicher Erotik, Sinnlichkeit und Sinnlichkeit. Denn man kann mit Dir auch noch reden und nicht nur genießen. Wo sonst findet man diese einzigartige Symbiose?

peter

Liebe Tara ! Bin zufälligerweise auf Deine Seite gekommen , da ich eine Massage schon suche. Bin tief beeindrckt von deiner sinnlichen Philosophie. Inbesondere die Arbeit mit sog. " Behinderten " und sog. " Alten ". Da diese in unserer Gesell- schaft bei einem sog. " Jugendwahn " ausgegrenzt werden und auch nicht zu Sinnlichkeit und Erotik mit Mann oder Frau kommen um Lust auszuleben. Tantra heisst Offenheit zu jedem Menschen ob Jung oder Alt , ob Gesund oder Krank und es schön das in Deinen Massagen dieses praktiziert. Dein Lebensweg ist auch sehr schön und Du bist eine sehr sinnliche - erotische Frau und Du hast einen sehr wunderschönen Busen ! Vieleicht darf man diesen ja mal geniessen bei einer Massage mit Verschmelzungsritual. Wünschen würde ich mir das schon ! Weiter so und viel Erfolg und ein schönes Liebesleben ! Namaste peter

peter

liebe shakti - venus ! bin eher zufällig auf diese seite gekommen. aber bin im positiven überrascht von deiner sinnlichen philosphie (so da endlich auch sog. " behinderte " und "

ältere " nicht aus- gegrenzt werden von sinnlichkeit im körperkontakt), da es dieses so
selten gibt in deutschland. du bist eine sehr
wunderschöne frau und shakti und du hast einen
so wunderschönen busen. vielleicht darf man(n)
auch deine sinnlichen massagen mit verschmelzungsritual geniessen ! schön wäre es und weiter so mit dir und einem wunderschönen team !
namaste peter

Ralf

Liebe „Tara Wera" Nach etlichen lustvollen
Tantra-Massagen von Dir wollte ich etwas ganz
Neues erleben und habe Dein Einzel-Seminar
gebucht. Dabei ging es mir vor allem darum
unter Deiner Anleitung durch eigene Aktivität
Energien aufzubauen. Nach der unvergleichlich
liebevollen Begrüßung Deiner strahlenden Göttlichkeit geleitest Du mich in die Wanne. Mit
einem Wellnessbad, das schon sehr sinnlich
war, begann das Ritual. Anschliessend im ro-
mantischen Kaminzimmer mit gegenseitigem Auf-
legen der Hände auf das Herzchakra und Deiner
Veehrung meiner Göttlichkeit, bei der Du Dich
zu meinen Füßen verbeugst – wow – da knisterte
schon die Luft im Raum. Dann das tiefe gemeinsame Atmen - längst hatte ich schon alles aus-
serhalb des Raumes vergessen und war nur auf
unser Jetzt und Hier konzentriert. Danach ging
es energetisch fliessend weiter mit der Erwe-
ckung der Kundalini-Energie. Das kann man
nicht beschreiben, aber wenn man richtig locker lässt, macht der Körper die Bewegungen
alleine, das beginnt lustvoll und steigert
sich bis zur Ekstase. Ich hatte das schon einmal in einem Gruppenseminar sehr tiefgreifend
erlebt, aber unter Deiner Anleitung war das
ein unvergessliches Erlebnis. Und nicht zu

vergessen, auch die Musik ist immer passend zu den jeweiligen Sessions abgestimmt und von Tara Wera wirklich sehr gut ausgesucht. Sie ist schon eine tolle Meisterin, sie weis wirklich, wie tief sie eine Person erreichen und eindringen kann, unglaublich... Dann durfte ich mich in Meditation und Teepause (die Jahreszeit war günstig: es gab auch leckere Erdbeeren) entspannen. Nach dieser Pause habe ich die geladene Energie haltend mich lustvoll Deiner zarten Massage mit Heilsteinen und der Klangschale hingegeben. Zur Krönung Deine unvergleichliche Tantra-Massage mit den Berührungen deines Körpers, manchmal scheinbar zufälliges Streichen Deiner Brustwarzen auf meinem Rücken, Dich auch berühren dürfen – sehr achtsam und verehrungsvoll – bis zum Verschmelzungsritual – ich war platt wie noch nie. Liebe Fans von Wera – gönnt Euch das mal, das ist was ganz anderes, das muss man erlebt haben!!!! Allerdings nichts für unsportliche Menschen, da Energiearbeit heißt, selber an sich zu arbeiten, es ist zu vergleichen mit einer Stunde Jogging: Namasté meine Göttin Dein Ralf

Mein Leben

Ich habe alles probiert,
mich ausprobiert,
alles versucht und alles getan,
mich weiterentwickelt auf diesem langen, steinigen Weg.

Doch wie oft habe ich mich belogen,
um Schlösser, ohne Schlüssel zu öffnen,
bis ich die Wahrheit für mich fand
und mich im Leben fühlte,
mitten im Leben.

Ich hatte die Wahrheit,
meine Mitte,
mein Zuhause gefunden.

Meine Träume,
meine Visionen,
zu meinem Lebensziel gesetzt.

All jenen Menschen,
die meine Passion belächelt haben,
danke ich,
denn diese negativen Energien haben mich beflügelt
und meinen Ehrgeiz angetrieben.

Ich danke auch jenen,
die mich im vorigen Leben in ein Schema pressen wollten.
Sie haben mich den Wert der Freiheit schätzen gelehrt.

Ich danke insbesondere jenen Menschen,
die an mich geglaubt haben,
mir Kraft und Mut gaben,
meinen Weg zu gehen.

Während des Aufbaus meines Refugiums habe ich oft mein
Gleichgewicht verloren.
Ganz allein meinen Mann, meine Frau, zu stehen, war nicht
leicht.
Doch ich konnte immer wieder aufstehen
und gerade stehen,
für mich stehen!

Ich danke auch allen,
die mich verlassen haben,
oder die ich verlassen habe.
Es gab mir Raum,
Neues zu erfahren.

„Das bin ich, das alles bin ich!
Ich bin jetzt, ich bin hier,
ich bin ich"
(Rosenstolz: „Das bin ich")

Über meine Arbeit

Ich wärme dich, wenn du an dir erfrierst.
Hat dein Herz Narben,
ist deine Tür verschlossen,
ich öffne sie ... und du weißt,
wie gut ich dir tue.

Ich halte dich in Liebe und Achtsamkeit.
Ich gebe dir einen Raum,
um aus dieser kalten Welt zu entfliehen.

Und wenn du dich erschlagen fühlst, am Boden liegst, ich
zeige dir einen neuen Weg, wieder aufzustehen, voller Kraft
und Energie weiterzugehen.

An dieser Stelle möchte ich nicht ganz ohne Stolz erwähnen, dass ich meinen Traum, vom Kauf einer Gewerbeimmobilie für meine Tantrapraxis in jener Zeit mit allen finan-
ziellen Risiken verwirklicht habe,
um meine Passion zu leben.

Für Euch meine lieben Freunde oder die, die es noch werden möchten.
Dank an Google und eure Weiterempfehlungen,
so bekomme ich weltweit neue Besucher.

Du kommst als Fremder und gehst als Freund.
Dank an das Universum.

Für alle, die Träume und Visonen haben

Mut

Träume zu erlauben,
alles aufnehmen,
dein Horizont erwacht,
spüre deine Kraft,
deine Energie,
die alles will,
die alles soll,
lebe dein Leben
jetzt!

In Liebe
Tara Wera Angela

Am Ende bereuen wir nicht, was wir gemacht, sondern das,
was wir nicht gemacht haben

Lebenslauf

Seit 1996:

1996 - 1997
Tantra Massagepraxis angemietet, Frankfurt Westend, Im Sachsenlager 9

1997 – bis heute
Weberstr 45, Inhaberin Tantra-Refugium, Kauf der Immobilie

Mai 1999
Auflösungsvertrag im Krankenhaus gestellt, um meine Passion leben zu können

1999 - 2004
Zweigstellen angemietet. Tantramassagepraxis in Wiesbaden Friedrichstr.
2001 - 2004
Alte Oper Frankfurt Oberlindau

Die Weberstraße 45, das **Tantra Refugium,** ist inzwischen über die Grenzen Deutschlands bekannt und die niveauvolle Tantra-Adresse in Frankfurt.

Ausbildungen

Kinderkrankenschwester in Frankfurt Höchst, Uniklinik Augenklinik 8-3,

Hospitzschwester Gesprächstherapeutin, Sterbebegleitung, Seniorenheim Nachtdienst.

Notarztwagen bei den Maltesern Wiesbaden,

Psychiatrie Offenbach 740 + 712

Zusatzschwester auf Intensivstationen und in anderen Krankenhäusern und Seniorenheimen, auf Abruf (Nachtdienst)

Ausbildungen / Schulungen

Management-Training und Ausbildungen

Rhetorikausbildung/ Motivationstraining:
Niklaus B. Enkelmann Königstein, Uwe Köhler, Klaus Kopjoll, Anthony Robbins inkl. Feuerlauf über 10 m auf 1000 Grad heiße Kohlen
(es waren noch so viele, sorry, deren Namen ich jetzt nicht alle aufzählen kann)

Reiki 1. Grad + 2. Grad nach Usui Shiki Ryoho

Ganzkörpermassagen + Fußreflexzonenmassagen + Sportmassagen mit Diplom

Tantramassagen und die Welt des Tantra bei:
Advaita Wiesbaden
Rakendra Odenwald

Lucian Loosen Engelskirchen
Osho Uta Institut Köln für spirituelle Therapie und Meditation
Surya Tantra

Gesprächstherapie, Sexualberaterin, NLP Ausbildung Dr. Frank Kühnecke und Cornelia Kuri

Dienstleistungsjobs nebenberuflich:

Servicekraft im 5 Sterne Restaurant Pueblo Nierrad

Servicekraft im Plaza Hotel

Messe Frankfurt Security Women

Partnerschaftvermittlung

Immobilienberaterin/-verkäuferin, eigene Immobilienfirma Fidelio Cooperation